T0157838

Printed in the United States
By Bookmasters

سلوكيـات (٢)

الفـصـام

الدكتـور وليــد سرحان

مستشار الطب النفسي

الطبعة الثانية

2010-2009

المملكة الأردنية الهاشمية رقم الإيداع لدى دائرة المكتبة الوطنية
(2000/5/1764)

616.898
سرحان، وليد
سلوكيات (2) الفصام/ وليد السرحان- عمان: دار مجدلاوي للنشر والتوزيع، 2009
() ص.
ر.أ: (2000/5/1764)
الواصفات:/ الطب النفسي// الفصام

* أعدت دائرة المكتبة الوطنية بيانات الفهرسة والتصنيف الأولية
* يتحمل المؤلف كامل المسؤولية القانونية عن محتوى مصنفه ولا يعبّر هذا المصنف عن رأي دائرة المكتبة الوطنية أو أي جهة حكومية أخرى.

ISBN 978-9957-02-043-9 (ردمك)

دار مجدلاوي للنشر والتوزيع
عمان - الأردن
Dar Majdalawi Pub.& Dis.
Telefax: 5349497 - 5349499
P.O Box: 1758 Code 11941
Amman- Jordan
www.majdalawibooks.com
E-mail: customer@majdalawibooks.com

الآراء الواردة في هذا الكتاب لا تعبر بالضرورة عن وجهة نظر الدار الناشره.

تقـــديـــم

تفتقد المكتبة العربية الكثير من الكتب الجيدة ، التي تتناول مواضيع الطب النفسي- والعلوم النفسية ، والتي تستطيع أن تنفذ إلى عقل القارئ وتخاطبه بسهولة وأسلوب سلس . والكتابة عن مرض الفصام والإلمام بجوانبه المختلفة ، من حيث تاريخ المرض وتطور المفاهيم عنه والتحدث عن أعراضه وعن الإضطرابات المصاحبة له ، وبحث الجوانب الإجتماعية والقانونية ، بالإضافة إلى علاجاته وسير المرض بأشكاله المختلفة ، يشكل جهدا يحتاج إلى دارس مختص في الحقل يكون ملما به إلماما كبيرا .

وأعتقد أن الدكتور وليد قد قام بهذه المهمة على أكمل وجه، فأسلوبه الشيق يخاطب القارئ أيا كانت خلفيته العلمية سواء كان طبيبا نفسيا أو دارسا في علم النفس أو قارئا عاديا يريد المعرفة في هذا الحقل ، ويمكنه من المعرفة .

ومما لا شك فيه أن الثقافة في عالمنا العربي عن الإضطرابات النفسية في وضع غير مرض ، فالجهل بطبيعة هذه الإضطرابات ومسبباتها تكلف الفرد الكثير ، حتى يستطيع الوصول إلى المعالجة المناسبة ويتخلص من المفاهيم الخاطئة عنها . وهذا الكتاب خطوة رائدة للخوض في هذا الحقل الصعب يتيح المعرفة لمن يريد أن يستزيد منها .

إن مرض الفصام هو مثال واضح على التفسيرات الخاطئة ، التي تتعلق بالجن والشياطين والسحر والتلبس ، وإماطة اللثام عن هذا المرض يتيح للمجتمع فهما أفضل لهذا المرض وما يتبعه من معالجات فاعلة للمرضى من قبل المختصين بعلاجه .

إن ثراء هذا الكتاب بشموليته في بحث الجوانب المختلفة لمرض الفصام وبأسلوبه السهل الممتنع ، يجعله فريدا في المكتبة العربية . فإلى الأمام يا دكتور وليد ، إلى مزيد من هذه الكتب التي تغطي مختلف الإضطرابات النفسية .

الدكتور عدنان التكريتي
مستشار الطب النفسي

بسم الـلـه الرحمن الرحيم

تمهيد

هذا الكتيب يحوي المعلومات الأساسية عـن الفصـام، وهـي مفيـدة للقارئ العادي ، والممارس في الطب العام وذوي المـرضى ، والمـرضى أنفسـهم ، وقد حاولت تبسيط الموضوع قدر الإمكان ، مع إستعمال المصـطلح الإنجليـزي لبعض الكلمات كما أوردت في نهايته معجما في مصطلحات الطب النفسي ـ كما جاء في المعجم العربي الموحد ، آمل أن يكون هذا الكتاب مفيدا للقـراء ، وأن لا يبخلوا علي بتعليقاتهم وإنتقاداتهم .

الدكتور وليد سرحان

المحتويات

الفصام

١ - مقدمة

يسترعي مرض الفصام إهتماما خاصا من الناس والأطباء والباحثين والعلماء، لكونه أحد الأمراض النفسية الواسعة الإنتشار في كل المجتمعات وكل البلاد، كما أنه يختلف عن الأمراض العضوية لكونه غير محسوس بالنسبة لعامة الناس، وبالنسبة للمريض ومن حوله فهو يؤثر على السلوك والعلاقات الإجتماعية، وبالتالي فإن كل من له قريب مصاب بهذا المرض أو يعرف شخصا مصابا به، يرغب في فهم المزيد عنه. لقد عرف هذا المرض منذ أقدم العصور والحضارات وسمي بأسماء مختلفة وعزي سببه لأمور روحية وشيطانية، فقد سمى أبقراط في الحضارة اليونانية مرض (الملنخوليا) للدلالة على حالة قريبه من الفصام، كما إستعمل العرب مصطلح (مسودن) للتعبير عن المريض في عقله .

أما التاريخ الحديث للفصام فقد بدأ عام ١٨٥٦ بالعالم الفرنسي موريل (Morel) الذي وصف حاله لحدث في الرابعة عشرة من عمره تدهور بسرعة من طالب نبيه، إلى فتى مضطرب في فكره وسلوكه، واصطلح موريل على إستعمال تعبير(الخرف المبكر) (Dementia Praecox) للدلالة على حالة مرضية تبدأ في الصغر وتنتهي بالتدهور العقلي إلى حد كبير. وفي عام ١٨٧٠ إستعمل الدكتور هيكر (Heckir) مصطلح

هبفرينيا(Hebephrenia) لوصف حالة من المرض العقلي الشديد بـدأت في سن البلوغ، وأدت إلى تدهور شديد في الشخصية، والمصطلح الذي إستعمله مشتق من اليونانية ويتألف مـن مقطعين هبي Hebe وتعنـي (ربة الشباب) وفرينيا وتعني العقل، أي عقل الشباب للدلالة علـى أن المـرض يصيب عقل الشباب، وفي الفـترة مـا بـين (١٨٦٣- ١٨٦٨) قـدم طبيب آخـر هـو كاهلبوم (Kahlbaum) إصطلاحا آخر للمـرض هـو (Dementia paranoids) وتعنـي الخرف الزوري وهي حالة وصفها بأنها تتكون من أوهام وإضطراب في السـلوك ، كـما وصف حالة البارانويا (Paranoia) أو الأزوار وهي أوهام عقلية منظمة، وفي سنة ١٨٦٨ وصف حالة ثالثة سـماها (Catatonia) وتعنـي الجاموديـة أو التخشـبية، يبقى فيها المريض ساكنا وبدون حركـة، وفي عـام ١٨٩٦ قـام العـالم كـرابلاين (Kraepelin) بدمج الصـور المرضيـة السـابقة في حـالتين، واحـدة تتعلـق بـالمزاج سماها الزهو الإكتئابي والأخرى أسماها الخرف المبكـر، وسيطر تقسيمه لفـترة طويلة إمتدت حتى العقود الأخيرة الماضية.

العالم السويسري بلولر (Bleuler) هو الذي إستعمل كلمـة الشيزوفرينيا (Schizophrenia). ملاحظا بأن المرض لا يحدث فقـط في سـن البلـوغ والشباب، وإنما يحدث في سنوات تمتد من الخامسة عشرة وحتى سن الخامسة والأربعين، وليس بالضرورة بأن يكون مزمنا ويـؤدي للتـدهور والخـرف ومـن الممكن أن تشفى بعض الحالات أو تنحسر، والحقيقـة أن بلـولر إسـتعمل اللفـظ بـالجمع (الشيزوفينيات)، للتأكيد على أن هذا المرض يتضمن مجموعة من

الحالات المرضية التي تتباين في سن الحـدوث وفي صـورهـا وفي المسـيرة المرضية، وفي فرص الشفاء، ومـا زال النـاس بعـد مـرور أكـثر مـن تسـعين عامـا يستعملون مصطلح الشيزوفرينيا.

مصطلح الشيزوفرينيا مشتق من كلمتين هـما شـيزو ومعناهـا انقسـام وفرينيا ومعناها عقل، وفي ذلك إشارة إلى أن المرض يحدث انقسامـا أو انفصامـا في العمليات العقلية. وقد أسيء فهم هذا المصطلح، فاسـتعمله البعـض للتعبـير عن انقسام الشخصية وتجزئتها إلى (الشخصية الثنائية)، و(الشخصية المتعـددة)، وهذا بعيد كل البعد عن مـرض الفصام، وتعـدد الشخصية هـي مـن الحـالات النادرة جدا والتي وضعت دائما ضمن الهستيريا، وفي اللغـة العربيـة إستعملت كلمات ومصطلحات كثيرة مثل الفصام العقلي وإنفصام الشخصية ، والانفصـام ، ولكن المعجم العربي الموحد حدد التسمية العربية بالفصام . مع أن البعـض لا زال يستعمل حتى الآن تسميات مثل الفصام العقلـي ، أو الـذهان الفصـامي . ولكن في هذا المقام سيكون الالتزام بالفصام كما ورد في المعجم العربي الموحد .

وقد تابع مانفرد بلـولر (Manfred Bluler) الابـن تثبيـت نظريـة والـده ، وقد حاول التأكيد بصورة خاصة على وجود عدم الترابط في الشخصية والتفكك . أما العالم المعروف أوبري لويس (Aubrey Lewis) فقد وضع تعريفا لهذا المرض يتضمن العناصر الأساسية التي أوردها كل من كرابلاين وبلولر ومـانفرد بلـولر- وعد أن الناحية الأولى في المـرض هـي الإنقسام والتجزئـة في المقومـات المكونـة للعقل و هي الفكر والعاطفة والسلوك ، والناحية الثانيـة هـي فقـدان التـوازن في العمليات النفسية الداخلية .

٢ - تعريـف الفصـام :

يعرف الفصام أنه أحد الأمراض الذهانية ، ويبنـى هـذا التعريـف عـلى الوصف الكامل لمظاهر المرض والإضطرابات السلوكية ، والفكرية ، وإضطرابات الإدراك والإرادة ، بالإضافة للأوهام والهلاوس ، وحيث أن التعريـف يقـوم عـلى وصف مظاهر المرض ، فهذا قـد يـؤدي إلى تفـاوت في التعريـف والحـدود بـين طرف وآخر ، وتبرز أهمية التعريف في إجراء البحوث والدراسات والتصنيفات ، أما في الممارسة العملية ، وعلى مستوى الحالة المرضية فإن التعريف كاف ، وقد أعتمـدت في السـنوات الأخـيرة التعريفـات كـما جـاءت في التصـنيف العـالمي للأمراض (ICD-10) أو التصنيف الأميركي الرابع الصادر عـن الجمعيـة الأمريكيـة للأطباء النفسيين (DSM4) .

٣ - إنتشار الفصام

ينتشر المرض في كل المجتمعات ويسجل ٢-٤ حـالات لكـل عشرة آلاف من السكان سنويا ، وإحتمال إصابة الفرد في المرض على مدى حياتـه هـو ١% ، وقد قامت منظمـة الصحة العالميـة بدراسـة المـرض في عشر دول مختلفـة في مستوى تقدمها ، وكان هناك تراوح بسـيط في الانتشـار ، مـن الواضـح أن هـذا المرض موجود عبر العصور، وفي القـرن المـاضي تراوحـت الدراسـات بـين ارتفـاع وهبوط ولكن حول المعدلات المذكورة .

المرض منتشر في الذكور والإناث ، ولكنه يحدث في الرجال

مبكرا عن النساء ، فيما بين الرجال يكون حدوثه بين سن ١٥-٢٥ سنة أما بين النساء فهو بين ٢٥-٣٥ سنة .

وأما من حيث الطبقات الإجتماعية المختلفة فمن المعروف أنه في الدول الصناعية المتقدمة ينتشر المرض أكثر في الطبقات الإجتماعية الدنيا ، وأن المعدلات أعلى في المدن منها في الريف وفي داخل المدن فإن الإنتشار أعلى في المناطق الأقل حظا ، وما يفسر هذا أن مرضى الفصام ونتيجة لمرضهم وفقدانهم للوظائف وفرص التعليم ، فإنهم ينحدرون في التصنيف الإجتماعي ، كما أن هناك بعض المؤشرات تدل على أن الحرمان الإجتماعي والاقتصادي يشكل أحد العوامل التي تساعد على حدوث المرض وبالتالي رفع معدلاته بين الطبقات الإجتماعية الدنيا .

لقد أجريت العديد من الدراسات عن علاقة الهجرة بالفصام. خصوصا بعد ظهور ما يشير إلى ارتفاع معدلات الفصام بين المهاجرين الجدد مثل المهاجرين الأوروبيين لأمريكا ، والمهاجرين الأفارقة لأوروبا ، وبعض الدراسات أشارت إلى أن بعض المهاجرين يكونون أصلا مؤهلين للمرض ، وغير قادرين على التكيف ويتخذون قرار الهجرة بناء على ذلك ، وأما الأضواء الساطعة فقد سلطت في السنوات الأخيرة ، على أن هناك مبالغة في تشخيص الفصام في المهاجرين في بعض الدول المتقدمة . وعلى الغالب أن كل هذه الملاحظات فيها شيء من الصحة .

يقل معدل الخصوبة عند مرضى الفصام بنسبة ٢٥% عن باقي الناس ، كما دلت الدراسات على أن هناك زيادة قدرها ٨% في مواليد شهور كانون ثاني ، شباط ، آذار ونيسان

في نصف الكرة الشمالي ، وأما في نصف الكرة الجنوبي فهذه الزيادة هي بين مواليد تموز ، آب وأيلول ، وقد فسرت هذه الزيادة بتعرض الحوامل لأمراض الشتاء الفيروسية كالأنفلونزا .

٤ - مظاهر الفصام

تتباين مظاهر الفصام من فرد لآخر ، وحتى في نفس المريض في أوقات مختلفة من المرض ، كما أن هناك تفاوتا في سرعة حدوث المرض والطريقة التي يبدأ فيها بالظهور .

إضطرابات التفكير

أهم ما يميز إضطرابات التفكير هو التوهم (Delusions) ويعرف التوهم أنه إعتقاد خاطئ راسخ مسيطر ، لا يبنى على واقع أو منطق ، ولا يتمشى مع الخلفية العلمية والثقافية للفرد ، ولا يمكن تغييره بالوسائل المنطقية .

توهـم الإضطهـاد (Persecutory Delusions) :

يعتقد المريض أن هناك من يتآمر عليه ويحاول إيذاءه ، أو حتى قتله ، فقد يتهم أهله بالبيت بأنهم ضده ومتآمرون عليه ، أو يتهم زملاءه في العمـل والدراسة ، وأحيانا يتهم الدولة وأجهزتها المختلفة بأنها مؤذية ومطاردة لـه ، وقد يصل الأمر في بعض المرضى أن يحاول الدفاع عن نفسه ضد العدو المزعوم .

توهم الإشارة للذات :- (Delusions of reference)

وفيه يتوهم المريض أن كل ما يحدث حوله أو بعضه له علاقة به ، فإذا تحدث إثنان معا فهو المقصود ، وإذا قيل خبر في الأخبار الإذاعية والتلفزيونية فهو المعني به ، وكل ما يحدث عائليا وإجتماعيا ودوليا قد يربطه بنفسه وبأسلوب يتمشى مع أوهام الإضطهاد ، أو توهم العظمة .

التوهم الديني (Religious Delusion)

يشيع بين مرضى الفصام توهمان (النبوة والألوهية) ، فهناك من يعتقد أنه يحمل رسالة سماوية جديدة ، أو أنه المهدي المنتظر أو يسوع المسيح عليه السلام ، وقد يتصرف بناء على هذه الأفكار الخاطئة مما يوقعه في مشاكل مع الناس والقانون .

توهم العظمة (Grandiose delusion)

يعتقد مريض الفصام بحزم أنه متميز بعبقريته أو قدراته أو أنه ملك ومن سلالة تاريخية معروفة ، وقد يتصور له أنه أمير أو وزير ، أو أنه يحمل معجزات تؤهله للنبوة .

التوهم الجسدي (Somatic delusion)

قد يعتقد المريض أن هناك مخلوقا يسكن جسمه مثل الجن والشياطين ، أو أن أرواحا تؤثر على أجزاء من جسمه ، وقد يصل به الإعتقاد إلى أن هناك من يمارس معه الجنس . وتترافق هذه

الأفكار مع الهلاوس الحسية .

توهم العدم (Nihilistic delusion)

قد يعتقد المريض أنه ميت أو أن جزءا من جسمه قد تلف أو إختفى ،
أو أن البلدة التي يعيش فيها قد محيت عن الوجود ، رغم أنه يعيش فيها ،
وهذا أكثر شيوعا في الإكتئاب .

توهم السيطرة (Delusion Of Control)

قد يعتقد المريض أن هناك قوة خارجية تؤثر عليه وتجعل منه إنسانا
آليا خاضعا لتلك القوة ، بحيث أن أفكاره وعواطفه وسلوكه مرتبط بتلك القوة
.

العمليات المختلفة بالتفكير وظهور إضطراباتها في الكلام ، من مظاهر
إضطرابات التفكير الفصامي المهمة ، مثل ضعف الترابط (Loosening of
Association) وفيه يضعف الترابط المنطقي بين الأفكار ، وقد يصل إلى درجة
التفكك الكامل بحيث يصبح الكلام غير مفهوم وبلا معنى . وفي الحالات الحادة
فهناك توقف مفاجئ في الأفكار (Thought block) أما في الفصام المزمن فإن فقر
الأفكار والكلام (Poverty of speech and Ideas) يصبح واضحا عندما يكون كلام
المريض قليلا أو خالي المحتوى وفيه غموض وتكرار غير مفيد ، كما أن بعض
المرضى يختلقون لغة جديدة وكلمات لا معنى لها وتسمى هذه الظاهرة اللغة
الجديدة (Neologism) .

إضطرابات الإدراك (Abnormal Perception)

إن الإدراك هو العملية العقلية التي تتبع الحواس الخمسة ، وبالتالي فإن السمع والبصر يتطلب إستقبال الصوت وإيصاله للدماغ ثم إدراكه وفهمه والتعرف عليه ، وأما الهلوسة (Hallucination) فهي إدراك دون وجود إحساس أو مصدر للإحساس ، وبالتالي فإن الهلاوس تنقسم حسب الحواس .

الهلاوس السمعية (Auditory Hallucination)

وهي الأكثر شيوعا بين الهلاوس الفصامية ، وفيها يسمع المريض صوتا غير موجود ، وقد يكون هذا الصوت مهددا ، يكيل الشتائم ، أو يستعمل كلاما بذيئا أو يعطي أوامر ، ونادرا ما يكون لطيفا ، وقد يأخذ صفة الشخص الثاني (Second Person) موجها الكلام للمريض (أنت أو أنت) أو يكون على شكل الشخص الثالث (Third Person) يحمل ضمير (هو أو هي) وأحيانا يكون على شكل تعليق مستمر على الأفعال والأقوال (Running Commentary) ، وقد يسمع المريض أفكاره تعاد كالصدى وتسمى صدى الأفكار (Thought Echo) .

الهلاوس البصرية (Visual Hallucination)

وفيها يرى المريض صورا بسيطة كالضوء والومضات أو اشخاص غير موجودين فعلا ، أو مخلوقات عجيبة ، وهي قليلة الحدوث في الفصام ، وحدوثها بقوة قد يثير الشك لدى الطبيب

بوجود تشخيص آخر وخصوصا الذهان العضوي .

الهلاوس الحسية (Tactile Hallucinations)

وفيها يشعر المريض أن شيئا ما يمسك به ، أو يتحرك على جسمه ، وقد يشعر أن هناك حشرات تحت جلده ، ومن الممكن أن يشعر بأن الأعضاء التناسلية متأثرة بأجسام غريبة ، وحتى درجة الشعور بالجماع الكامل أحيانا .

الهلاوس الشمية (Olfactory Hallucinations)

يشم المريض روائح غريبة أو كريهة غير موجودة حقيقة ، وقد يصرـ على أن هناك رائحة بخور ، أو رائحة موتـى ، أو سـموما وغيرهـا مـن الـروائح ، وهذه الهلاوس ليست شـائعة بالفصـام ، بـل أكـثر شيوعا في الصرـع الصـدغي وبعض الأورام .

الهلاوس التذوقية (Gustatory Hallucinations)

الإحساس بطعم معين للماء والطعام والإصرار على أنه طعم الـزرنيخ أو أوساخ أو سحر وضع في الطعام ، مما يجعل بعض المـرضى يمتنعـون عـن الأكـل والشرب .

إضطراب المزاج :-

من أكثر ما يميز الفصام هو إنخفاض التعبير العـاطفي ، وعـدم توافـق المزاج والتعبـير عـن العواطف مع الموقـف ، ومـن الممكن أن يشعر مريض الفصام بعدم القدرة على الإستمتاع ، أو أنـه يصـل للشعور بالإكتئاب ، ومـع بداية المرض قد يشعر مريض الفصام

بالخوف والرعب والقلق كرد فعل لمحتويات الهلاوس والتوهمات المختلفة .

ومن الأمثلة الشائعة على التناقض في المزاج ، المريض الذي يشكو من الهلاوس والتلاعب بأفكاره ، ويقضي وقته مبتسما وأحيانا ضاحكا وبصوت مرتفع ، وهو يحادث الهلاوس بتمتمه أو كلام غير مفهوم .

ظاهرة السلبية (Passivity Phenomena)

وفيه بعض التشابه مع توهم السيطرة إلا أنها تأخذ عدة أشكال أخرى .

أ - بث الأفكار (Thought broadcasting)

يشعر المريض أن أفكاره معروفة للناس ، وكأن في دماغه محطة تبث ، وقد يستغرب سؤال الطبيب له عما يدور في باله مجيبا (أنت تعرف كل شيء والعالم كله يعرف) .

ب - غرس الأفكار (Thought Insertion)

يشكو المريض أن هناك أفكارا تزرع في رأسه وهي غريبة عنه ومن مصدر خارجي ، قد يحدده بأنه أجهزة الأمن العام أو الأقمار الصناعية ، أو لا يستطيع تحديده ، وقد يعده إلهاما من الله عز وجل ودليلا آخر على نبوته .

ج - سحب الأفكار (Thought Withdrawal)

الشعور أن هناك من يسرق أفكار المريض ، وأن كثيرا من الإختراعات أو الإبتكارات قد سرقت منه ، وأنه هو صاحب قصيدة الشعر ، الـذي إدعـى الشاعر الفلاني أنه قد نظمها . وقد يتوقف المريض عـن الكـلام فجـأة ، ويعلل المريض ما يحدث معه أن الأفكار التي كانت في عقله قد سحبت أو سرقت منه وتركت عقله فارغا .

د - المشاعر المصنوعة (Made Feelings)

الإعتقاد الأكيد بأن المشاعر والأحاسيس والعواطف والمزاج قـد فرضـت عليه من جهات خارجية . مثل الشعور أن أحد الجيران هو الذي يجعله يضحك أو يبكي من الفرح أو الحـزن ، أو يـزرع في نفسه الكراهيـة لبعض الأشياء أو بعض الناس .

هـ - الأعمال المصنوعة (Made Actions)

الإعتقاد أن الأفعال البسيطة كالأكل والشرب أو الصراخ هـي بتـأثير القوى الخارجية ، وقد تصل إلى درجة القيام بسلوك أكثر تعقيدا كالسفر أو القتل أو إنفاق المال ، أو السرقة تحت وطأة هذه الظاهرة .

الإضطرابات الحركية :

قد تكـون الإضـطرابات الحركيـة مـن المظاهر الرئيسة لبـعض حـالات الفصام ، وقد يكون الإضطراب في كمية الحركة أو نوعيتها ،

مثل زيادة الحركة أو التباطؤ الشـديد . أو أخـذ وضع معـين غريـب (Posturing) مثل الوقوف على ساق واحدة ، أو وضع اليدين على الرأس ، وغالبا ما ترتبط مثل هذه الحركات بالأفكار السائدة عند المريض والأعراض الأخرى . وفي الحالات الجامودية (Catatonia) فإن مريض الفصام قـد يظهـر عليـه تجاوب الشمع (Waxy Flexibility) ، بحيث إذا وضعته في وضع إستلقاء ورأسه مرفوعـة عن الفراش فإنها تبقى مرفوعة ، وإذا حركت يديه وذراعيه وشبكتها بطريقة متعبة فإنها تبقى كذلك . أما السلبية (Negativism) فهي المقاومة التلقائيـة لأي محاولة لتحريك المريض أو الطلب إليه فعل ذلك . وهناك من المرضى من يقوم بتقليد الحركة (Echopraxia) فأي حركـة يراهـا أمامـه مـن أي شـخص يقلدها . وهناك من المرضى من يكرر حركة لا هدف لها (Stereotypy) وتسمى النمطيـة . وفي الحـالات الجامودية فقـط يصل المـريض إلى درجة الهيـاج الجـامودي أو الذهول الجامودي (Catatonic Stupor) .

الإضطرابات المعرفية :

إن الفصام بالأساس ليس مرضا يصيب الذكاء ، بل هو يصيب الناس من مختلف درجات الـذكاء سواء الطبيعيـة أو المتفوقـة أو الأقل مـن الطبيعيـة . ويكون المريض مدركا للزمان والمكان والأشخاص ، ولا تتأثر عنده درجة الـوعي (Level Of Consciousness) ، ولكن الإنتباه والتركيز كما أن الذاكرة والقدرة علـى التعلم قد تتأثر ، ولسنوات طويلة كانت تعزى هذه الإختلالات

لأعراض الفصام الأخرى ، أو للعلاجات التقليدية ، ولكن في السنوات الأخيرة أصبح من الواضح أنها جزء لا يتجزأ من أعراض الفصام الأصيلة ، وعند قياس درجة الذكاء على مقياس وكسلر ، فإن ثلثي مرضى الفصام يظهر عليهم التأثر في الأداء اللفظي وغير اللفظي ، كما أن مقاييس الذاكرة تدل على تأثر الذاكرة اللفظية وغير اللفظية في المرضى .

وتتأثر العمليات العقلية الهامة مثل التخطيط ، والمرونة ، والتفكير التجريدي ، الذي جرت العادة على إختباره بسؤال المريض عن أحد الأمثال الشعبية مثل (الباب الذي يأتيك منه الريح سده وإستريح) ، فيفسره المريض على أن الباب الذي يؤدي إلى تسرب الهواء والبرد والرياح من الأفضل إغلاقه ، ولا يستطيع الوصول إلى المعنى الكامن في المثل وهو أنه من الحكمة أن لا يخوض الإنسان في أمور يعلم أنها ستجر عليه الإزعاج والتعب . كما أن بعض الدراسات أظهرت تأخرا في التطور الحركي ، خصوصا عند المرضى المزمنين على العلاجات التقليدية . وقد أظهرت الإختبارات النفسية العصبية تأثر اللغة عند مرضى الفصام.

فقدان الإرادة (Lack of Volition) -:

يظهر على مرضى الفصام وخصوصا الحالات الشديدة والمزمنة عدم المبادرة والدافعية وقلة الإهتمام بالعالم من حولهم ، ويبدو مريض الفصام وكأن المرض قد سلبه الإرادة لعمل أي شئ .

فقدان البصيرة (Lack of Insight) -:

يتميز الفصام العقلي بأن أغلب المرضى لا يدركون أنهم في حالة مـرض ، أو أن تفسيرهم للمرض غير واقعي ويكون هذا جـزءا مـن المـرض نفسه . مـما يؤدي لرفض العلاج وعدم التعاون مـع الطبيـب والمستشفى ، ويجعل المـرض صعبا على أهل المريض والطبيب والفريق العامل على رعاية مرضى الفصام .

الأعراض السلبية والإيجابية

(Positive and Negative symptoms)

يقصـد بـالأعراض الإيجابيـة الأعراض الظـاهرة ، كـالهلاوس والتـوهم وإضطراب التفكير والمزاج . أمـا الأعراض السـلبية فهي فقـر وضحالة الأفكار والكلام وإضطراب الإرادة وتبلد المشاعر والعزلة الإجتماعية .

٥ - المراحل المختلفة للفصام

(١) المرحلة الكامنة :

قد تجد أن الكثير من مرضى الفصام كانوا ومنذ فترة قد تصـل للطفولـة يعانون من العزلة الإجتماعية وبعض المشاكل المعرفية ، وقد يكون البعض قد أظهـر عـدم تكيـف إجتماعيا أو صـعوبات لغويـة ، إلا أن هـذا كلـه لا يكفـي لتشخيص الفصام أو توقع تشخيصه ، ولكن إذا تزايد الانحراف والاختلاف مـع بداية سن المراهقة وظهر هناك إضطرابات معرفية كثيرة أدت إلى تدهور في

الأداء العــام ، مـع ظهـور بعـض الســلوكيات الغريبــة والمعتقـدات المستهجنة فإن درجة الشك ترتفع ، وقد يصعب في كثير من الأحيان التأكد مـن أن هناك بوادر فصــام مـا لم تظهـر الهـلاوس والتوهمات ، وقد تتشــابه هذه المرحلة كثيرا مع شخصية الفرد . مما يزيد الأمر صعوبة .

(٢) المرحلة الحادة :

والتي تظهر فيهـا الأعـراض المختلفـة بشـكل واضـح أو مستتر تحـت إضطراب السـلوك ، بحيث أن الشخص يتغير مـع الوقت وقد يتوقف عـن الدراسة أو العمل ، وأحيانا قد يخـرج عـن المـألوف ممـا يلفـت نظر المجتمـع المحيط به . وقد دلت دراسة منظمة الصحة العالميـة عـلى أن الأعراض التالية هي الأكثر شيوعا في الحالات الحادة.

فقدان البصيرة	٩٧%
الهلاوس السمعية	٧٤%
أفكار الإشارة للذات	٧٠%
الشكوك	٦٦%
تبلد المشاعر	٦٦%
الهلاوس السمعية (الشخص الثاني)	٦٥%
المزاج التوهمي	٦٤%
توهمات الإضطهاد	٦٤%
الأفكار الغريبة عن الشخص	٥٢%
الأفكار التي تقال بصوت عال	٥٠%

المزاج التوهمي (Delusional Mood) -:

قد يكون بداية الحالة الحادة وفيه شعور لدى المريض أن الأمور ليست على ما يرام وأن أمرا عظيما سوف يحدث ، أو أن الجميع يعرف ماذا يجـري إلا هو ، ويكون في حالـة هيجـان شـديدة ويسـأل كـل مـن حولـه عـما يحـدث ، وبالطبع لا أحد يفهم ماذا يقصد ، وينتهي هذا الوضع عادة بالإدراك التـوهمي (Delusional Perception) ، وذلك عندما يرى هذا المريض على سبيل المثال سهما على لوحة مرور إرشادية إلى اليمين ، وهذا إدراك طبيعي ولكنه يفسره بأسلوب توهمي ، فيقول إن هذا السهم يعني أنه رسول من رب العالمين ليهـدي النـاس جميعا ، وأن النـاس سـتحاول قتلـه ، وقـد يعقـب ذلـك ، الهـلاوس والتـوهمات المختلفـة ، والشكوك في الجميـع ، واضـطراب الطعـام والنـوم وإهـمال النظافـة والانفعال والتوتر والعنف أحيانا .

(٣) المرحلة المزمنة :

وفيهـا إمـا أن تسـيطر الأعـراض السـلبية ، أو تبقـى بعـض الأعـراض الإيجابية مع السلبية ، ويمكن تقسيم الأعراض السـلبية للنوع الأولي وهـي مـا ينتج عن المرض نفسه ، أو النـوع الثانوي وهو ما ينـتج عـن الأعـراض المختلفـة كرد فعل لها ، أو ما ينتج من الأعراض الجانبية لبعض الأدوية المضادة للذهان . والحالات المزمنة كانت تشكل صـعوبة كبيرة في العـلاج حتـى العقـد الأخـير ، عندما أصبح هناك تطور واضح في معالجتها ، وإخراج المريض مـن عزلـة سـنين طويلة .

(٤) مراحل الإستقرار

وفيها تنتهي الأعراض الإيجابية ودون وجود لأعراض سلبية ، وقد
تستمر لفترات طويلة . وخصوصا إذا كانت الظروف مواتية والعلاج والمتابعة
منضبطان . وبعض المرضى يقضي فترات طويلة في هذه الحالة بحيث يستطيع
ممارسة حياته بشكل قريب جدا من الطبيعي . وبعضهم يمارس حياته بشكل
طبيعي ، ويكون لديه البصيرة ، وفي حالة ظهور أي أعراض أو بوادر إنتكاس
يسارع للإتصال بطبيبه .

(٥) تعاقب المراحل :

هناك من المرضى من يمر بكل المراحل على أوقات مختلفة وقد تتداخل
، فمن حالة كامنة إلى حالة حادة ، فاستقرار وانتكاس ، وثم إلى الحالة المزمنة ،
وقد تكون بأعراض سلبية أو سلبية وإيجابية معا . وقد تتفاوت الصورة المرضية
من مرحلة لأخرى وقد تظهر الأعراض نفسها في كل مرة ، وقد تتغير ، وقد
تظهر أعراض إضطراب مزاجي كالإكتئاب في فترات من المرض .

(٦) الانتكاسة :

عندما تعود الأعراض الحادة بعد فترة من الإستقرار ، وتبدو الحالة
وكأنها حادة فإن هذه المرحلة تسمى مرحلة الانتكاس . وغالبا ما تنتج عن
توقف العلاج وحدوث مشاكل إجتماعية وأسرية ، وانقطاع المريض عن العيادة
والمتابعة ، وقد يخفي بعض المرضى

الانتكاسة لفترات طويلة ، ويتركون الأمور تتفاقم إلى درجة قد يصل المريض معها لحالة شديدة من المرض ، والعنف وإثارة الإزعاج والتسبب في مشاكل مالية وإجتماعية وقانونية.

٦ - مسار المرض

كان الإعتقاد السائد مع بداية القرن الماضي أن الفصام لا بد وأن يتخذ مسارا متدهورا ، وأما الآن فأصبح من المؤكد أن هناك أشكالا مختلفة لمسيرة المرض ، مع أن الاتفاق ما زال قائما على أن المرض يتخذ مسارا مزمنا على الأغلب . وأن أولئك المرضى الذين يتحسنون قد ينتكسون ولو بعد سنوات ، ويلاحظ أن مسيرة المرضى تتقلب في السنوات الخمس الأولى أما بعدها فإن كل مريض يكون قد إتخذ نمطا خاصا به ، والدراسات التي تابعت المرضى لفترات طويلة أظهرت بعض التوجه للتحسن والإستقرار مع مرور الوقت ، وقد لوحظ أن معظم المرضى يتبع أحد الأنماط الأربعة التالية :-

١- المجموعة الأولى : وتشكل ٢٢% من المرضى وهؤلاء يمرون بنكسة أو حالة حادة واحدة يعقبها استقرار دائم .

٢- المجموعة الثانية : وتشكل ٣٥% من المرضى وهؤلاء يمرون بانتكاسات متكررة ، قد تكون أحيانا سنوية ولكن بعد كل انتكاسة يعودون إلى حالة مستقرة ، دون وجود أعراض سلبية ، ويمكن القول أنهم يعودون لوضعهم الطبيعي بعد الانتكاس .

٣- المجموعة الثالثة : وتشكل ٨% من المرضى وهؤلاء يتعرضون لعدة انتكاسات تترك أثرا على المريض ، بحيث أن المريض في حالة الاستقرار لا يعود للحالة الطبيعية بل يبقى

لديه تأثر مستمر من بعض الأعراض.

٤- المجموعـة الرابعـة : وتشـكل ٣٥% مـن المـرضى وهـؤلاء تتكـرر فـيهم الإنتكاسات ، ومع كل إنتكاسـة يـزداد مـا يخلفـه الإنتكـاس مـن أعـراض ، بحيث أنه مع مرور الزمن يصبح من الصعب القول فيما إذا كان المـريض في انتكاسة أم في حالته المستقرة ، ويكون عادة من المرضى المزمنين .

وفي السنوات الأخيرة مع التقدم الكبير في معالجة الفصام أصبح هنـاك تغير في النسب ، فقلت النسبة لكل من المجموعة الثالثة والرابعة ، وإلى حد ما من المجموعة الثانية . وقد عاد الكثير من المرضى المزمنين للحياة الطبيعية بعـد استعمال مضادات الـذهان غـير التقليديـة . وبالتـالي زادت المجموعـة الأولى ، وانتقل بعض المرضى من المجموعة الرابعة إلى الثالثة مثلا .

٧ - مـــآل الفـصـــام

يمكن رؤية مآل مرض الفصام على مستويين الأول هـو مستوى إختفـاء الأعراض ، والثاني هـو مستوى أداء الوظائف الإجتماعيـة ، ويمكـن التكهن أن هذين المستويين مرتبطان إرتباطا وثيقا ، ومع ذلك فإن الشفاء الاجتماعـي يحدث حتى لو بقيت بعض الأعراض ، وبالتالي فإن نسبة لا بأس بها من المرضى خصوصا النسـاء يستطيعون المضيـ قدما في حياتهم الإجتماعيـة رغـم وجـود أعراض الفصام بصورة مستمرة ، هذا وقد دلت دراسة منظمة الصحة العالميـة أن ٤٥% من المرضى بعد مضي خمس سنوات على المـرض كـانوا في حالة شفاء واستقرار ، وأن ٧٥% منهم لم

يعانوا من أي مشاكل إجتماعية أو مشاكل بسيطة في الدول النامية ، بينما كانت هذه النسب في الدول المتقدمة هي ٢٥% و٣٣% على التوالي ، علما أن هذه الأرقام كانت في عقد السبعينات ، وكان التفسير لتلك النتائج هو المجتمع الداعم في الدول النامية ، والأسرة التي تعطي الاهتمام اللازم في بيئة بسيطة زراعية على الأغلب ، لا تضع على عاتق المريض الكثير من المتطلبات . كما هو الحال في المجتمعات الصناعية .

أما الدراسات الحديثة فقد أظهرت أن ٨٧% من المرضى يشفون من الانتكاسة الأولى ، وأن حوالي ٨٠% يعانون من انتكاسة ثانية على الأقل خلال خمس سنوات ، وتزيد احتمالات الإنتكاس خمسة أضعاف فيمن يوقفون علاجهم، ومن أهم مؤشرات الانتكاسات هو شخصية ما قبل المرض ، ومدى توازنها وصلابتها ، أما مظاهر المرض ، أو الوظائف المعرفية والتغيرات في الصورة الطبقية المحورية للدماغ فلا يبدو أن لها أثرا على توقع الانتكاسات القادمة .

وهناك حوالي ٨% من المرضى لا يخرجون من الانتكاسة الأولى على الإطلاق ، بل يسلكون طريق التدهور المرضي المستمر مع الانتكاسات وهو نموذج الفصام المزمن .

يعد الموت من الأمور التي يمكن أن يتعرض لها مريض الفصام ، فحوالي ١٠% يموتون بالانتحار ، كما أن معدل عمر مرضى الفصام يقل بعشرة أعوام عن معدل الأعمار . والانتحار عادة ما يحدث في الانتكاسات الحادة ، خصوصا لدى المرضى الذين يعانون أيضا من أعراض الاكتئاب ، وأولئك الذين لديهم

سوابق عائلية في الانتحار . ويبدو أن الأعراض الزورية تزيد من احتمال الانتحار بينما تخفف منه الأعراض السلبية ، وأما ما يقلل معدل عمر مريض الفصام بالإضافة للانتحار ، فهو التعرض للحوادث ، وأمراض القلب والذي ترتبط غالبا بالتدخين الشره ، والظروف المعيشية التي يعيشها بعض مرضى الفصام ، فمنهم من يعيش حياة تشرد تعرضهم للكثير من المخاطر الصحية .

ومن المعروف أن المآل الحسن لمرض الفصام هو أكثر في الإناث من الذكور ، وفي المتزوجين أفضل من العزاب والمطلقين والأرامل . وكما أن التكيف قبل المرض يلعب دورا هاما في المآل الحسن . كأولئك المرضى الذين لم يعانوا من مشاكل نفسية سابقة وكانت شخصياتهم متوازنة وعلاقاتهم الاجتماعية جيدة ، وكان أداؤهم في العمل والتعليم جيدا .

٨ - تشخيص الفصام

إن تشخيص الفصام يعتمد على أنظمة التشخيص السريرية المتعارف عليها ، والتي تقوم على أخذ السيرة المرضية بدقة والفحص النفسي للمريض ، ولا بد أن يتم استبعاد اضطرابات المزاج والأمراض الذهانية الناتجة عن المواد المهلوسة والمنشطة والمخدرة بشكل عام ، وهناك مواقف لا بد أن يكون الطبيب حذرا في إعطاء تشخيص الفصام فيها ، مثل الحالات التي تترافق مع أعراض غير مألوفة ، أو عند بداية حالة الذهان أو الانتكاس بعد سنوات طويلة، أو إذا تغيرت الأعراض والمظاهر المرضية . كما أن بداية المرض في سن الطفولة والشيخوخة لا بد أن يجعلنا حذرين في التشخيص .

لا بد من اتباع منهج التشخيص التفريقي ، وفيـه يـتم إسـتعراض كـل الأمراض التي تتشابه مع الفصام في بعض الأعراض ليصار إلى إستبعادها .

الأمراض العضوية والتي يجب إستبعادها :-

١- الصرع : وخصوصا الصرـع الصـدغي أو الجـزئي المعقـد (النفسي- الحـركي)، والذي قد يتشابه سلوك المريض فيه مع مريض الفصام إلا أن الحالة تكون على شكل نوبات محددة ولدقائق أو ساعات وتنتهي ، وتظهـر واضحة في تخطيط الدماغ الكهربائي .

٢- أورام الدماغ : بعض أورام الدماغ التي تصيب الفص الصدغي أو الجبهي قد تعطي أعراضا مشـابهة للفصام ولكنها تكـون مصـحوبة بالصـداع وتغيـر الشخصية . وكما أن فحص قاع العين يظهر ارتفاع الضغط داخل الجمجمة ، والتصوير الطبقي وبالرنين المغناطيسي للدماغ كاف لحسم التشخيص .

٣- الإصابات الوعائية كالنزيف والجلطات الدماغيـة ، وفيهـا عـادة إرتفـاع في ضـغط الـدم ، وإشارات ضـعف عصبي في الأطراف ، وتظهـر في الصـور الطبقية للدماغ .

٤- إلتهابات الدماغ والسحايا : عادة ما تترافق مع ارتفاع في الحرارة وتغيرات في السائل النخاعي الشوكي .

٥- بعض الأمراض الجسدية العامة واختلالات الغـدد الصـماء وأمـراض المناعـة وغيرها .

الأمراض النفسية التي يجب إستبعادها :-

١- إضطرابات المزاج : قد تتشابه حالات الهوس وهو ارتفاع المـزاج أو الاكتئـاب مع حالات الفصام ، ويفرقها دائمًا سيطرة المـزاج عـلى الأعـراض وتوافـق الهلاوس والتوهمات مع المزاج المرتفع أو المنخفض .

٢- الفصام الوجداني : وهو خليط من الفصام واضطرابات المـزاج وقـد يصـعب أحيانا التفريق بينهما إلا بالمتابعة لفترة كافية .

٣- إضطرابات التوهم : وهي الاضطرابات التي تتميز بوجود توهم أو أكثر دون وجود أعراض الفصام الأخرى . كما يكون محتوى التـوهم غـير مسـتهجن . ولا تتأثر الشخصية كثيرا به .

٤- حالة الذهان الحادة القصيرة : والتي قد تحمل كل صفات الفصام ولكنهـا لا تتعدى الأسبوع .

٥- إضطرابات الشخصية : هنـاك بعـض إضطرابات الشخصية الشـديدة التـي تتشابه مع الفصام ولكن يمكن تفريقها بأنها موجودة طوال حياة المريض ، وغالبا لا يوجد فيها هلاوس ، ولا توهم واضح .

ولذلك وبعد أخذ السيرة المرضية وإجـراء الفحـص النفسي ـ والجسـدي والعصبي قـد يتطلـب الأمـر إجـراء فحـص للـدم أو البـول ، أو إجـراء تخطيط للدماغ أو صورة طبقية محورية فقط أو صور بالرنين المغناطيسي للدماغ ، وكما أن هناك العديد من المقاييس النفسية والتي تعتمـد عـلى الإجابـة عـلى أسـئلة محددة ، تساعد في التشخيص والتشخيص التفريقـي ، كـما أن هنـاك مقـاييس تحدد شدة

المرض ويمكن إستعمالها لقياس التقدم أو التدهور مع العلاج والوقت .

٩ - أسبـــــاب الفـــصـــــام

المعروف حتى الآن عن أسباب هذا المرض أن عددا من العوامل تخلق الإستعداد للمرض وأخرى تساعد في حدوثه ، وكل هذه العوامل تؤدي لبعض التغيرات في الدماغ .

العوامل الوراثية :

إن مساهمة الوراثة في حدوث الفصام أمر مؤكد من خلال دراسة العائلات والتبني والتوائم ، وتؤكد دراسة المرضى في العائلات أن احتمالية الإصابة بالمرض تزداد كلما كان هناك أقرباء مصابون وكلما كانوا قريبي الدرجة . وقد دلت الدراسات الحديثة أن وجود قريب من الدرجة الأولى يعاني من المرض ، يرفع احتمال المرض لعشرة أضعاف .

نسبة المرض في الأقارب هي على النحو التالي :-

%٥,٦	الوالدين
%١٠,١	الأخوة والأخوات
%١٦,٧	عندما يكون أحد الأبناء وأحد الوالدين مصابين
%١٢,٨	أبناء لأحد الوالدين المصاب
%٤٦,٣	أبناء والدين مصابين
%٢,٨	الأعمام ، الأخوال ، العمات ، الخالات ، أبناء الأخ

وأبناء الأخت .

%٣,٧   الأحفاد

وفي دراسات التبني وعلى الطريقة الغربيـة ، حيـث يعطـى الابـن اسـم الأسرة الجديدة ، تبين أن معدل مرض الفصام في أبناء المصابين الذين تم تبنيهم منذ الولادة في عائلات عادية ، أعلى منه في الأطفال الذين تـم تبنيهم ولم يكـن هناك مرض في أسرهم ، بينما أولئك الذين لا يعاني آباؤهم وأمهاتهم من المـرض ، وتبنتهم عائلات تحمل المرض لم يصابوا به .

أما دراسات التوائم فقد دلت علـى أنـه في التوائم المتشابهة ، يصـاب التوأمان في المرض في ٦٠% مـن الحـالات ، وغـير المتشـابهة يصـاب التوأمـان في ١٠% من الحالات فقط ، ولكون الأطفال التوائم المتشابهين هـم نسـخة وراثيـة طبق الأصل ، فإن حدوث المرض في شقي التوأمين في ٦٠% وليس ١٠٠% مـن التوائم ، هو خير دليل أن المرض ليس وراثيا بحتا ، وأن هنـاك عوامـل أخـرى لا بد أن تساهم في حدوث المرض في بيئته وتربيته ، وقد أكدت هذا أيضا دراسـة تبني التوائم ، والتي دلت أن النسبة مـا زالـت مرتفعـة رغـم أن الحـدوث في التوائم المتشابهة قد إنخفض إلى ٥٠% . وأصبح في حكم المؤكد أن هناك أكـثر من جين وراثي يساهم في المرض ، ولذلك فقد ركزت دراسات الوراثة البيولوجية (الهندسـة الوراثيـة) علـى ذلـك فظهـر وجـود علاقـة لجينـات مختلفـة علـى كروموسومات ٥ ، ١٠ ، ١١ ، ١٣ ، ١٥ في مرضى الفصام .

الحمل والولادة

دلت معظم الدراسات الحديثة والقديمة ، على أن مضاعفات الحمل والولادة أكثر في مرضى الفصام من عامة الناس ، وخصوصا تعرض الأم للأمراض والإصابات الفيروسية ، ونقص الأكسجين عن الوليد ، وقد أشارت معظم الدراسات على أن هذه المضاعفات هي عوامل مساعدة في إيجاد الاستعداد للمرض ، وليست محدثة للمرض .

المشاكل العائلية

ظهرت دراسات كثيرة ونظريات حول الأسباب الأسرية للفصام ، ولكن تم إثبات فقط دور الأسر التي تتمتع بدرجة عالية من التعبير العاطفي (Expresed Emotion) ، والذي يحوي على النقد والعدوانية والتفاعل الزائد ، وتبين أن مرضى الفصام الذين يعيشون في عائلة فيها ارتفاع لهذا التعبير ، هم أكثر عرضة للانتكاس من أولئك الذين يعيشون في أسر أقل على سلم التعبير العاطفي (E.E) . ولذلك يمكن أن يعد من العوامل التي تزيد من فرصة المرض وتعيق تحسنه .

أحداث الحياة (Life Events)

إن الصورة المغروسة في أذهان الناس ، أن أي مرض نفسي- ما هو إلا إنهيار ورد فعل لحدث من أحداث الحياة ، ويحاولون دائما أن يجدوا علاقة سببية مباشرة ما بين المرض والحدث ، مثل الشاب الذي يغترب ويتعرض لبعض المتاعب ، فيكون الاستنتاج لديه ولدى

الناس أنه أصيب بالفصام كنتيجة حتمية ومباشرة للغربة ، وأنـه لـو لم يغـترب لمـا أصيب بـه ، وكـذلك الأمـر في بعـض الحـالات النفسـية الذهانيـة الفصامية التي تنتج عن خلاف عائلي ، أو شقـاق مـع رئيس العمل ، فيحـاول الناس إثبات السببية وقد يلجأون للقضاء ، وإثبات هذا في غاية الصعوبة ، وقد أكدت الدراسات أن مرضى الفصام يتعرضون لأحداث في حياتهم ، في الأسابيع الثلاثة التي تسبق الانتكاسة أو بداية المرض أكثر من عموم المجتمـع ، ولكـنهم لا يزيدون في عدد حوادث الحياة عن بـاقي المـرضى في الاكتئاب والاضطرابات الوجدانية وغيرها ، بمعنى أن تأثير أحداث الحياة هو ضغط نفسيـ عـام وليس مخصصا للفصام ، إذ أن العديد مـن الأمـراض العضوية يسبقها أيضـا أحداث الحياة المؤثرة ، مثل وفاة شخص عزيز ، الزواج ، الطلاق ، وغيرها .

وليس غريبا أن تجد ارتفاعا في عدد أحداث الحيـاة عنـد مـن يصـابون بنوبات قلبية أو ارتفاع في الضغط أو نزيف بالدماغ أو قرحة في المعدة . وذلك أن هـذه الأحـداث ضغـوط نفسية عامـة يتجـاوب معهـا النـاس باضطرابات جسدية أو نفسية أو نفسجسدية مختلفة ، فكأن لكل فرد نقطة ضـعف مـا في جسده ونفسه .

إساءة إستعمال العقاقير والإدمان

دلـت العديـد مـن الدراسـات بالإضـافة للخبـرة العمليـة ، أن مـن يستعملون العقاقير المخدرة والمنشطة والمهلوسة ، قد يمرون في حالات ذهانية لا تختلف كثيرا عن الفصام ، كما أن أولئك الـذين يستعملون الحشيش مـثلا لفـترات طويلة ، أكثر عرضة للإصابة بالفصـام مـن غـيرهم مـن النـاس ، وفي الممارسة العملية ليس غريبا

أن يلتقي الإدمان على الكحول والمهدئات والمنشطات وحتى الهـيروين
مع الفصام العقلي ، وقد يصعب في معظم الأحيان تحديد أيهما بـدأ أولا وهـل
كان فعلا الإدمان عاملا مساعدا في حدوث الفصام ؟ . أم أن مريض الفصام قد
وقع في فخ المخدرات بسهولة؟.

إختلالات الدماغ في الفصام

التغييرات في تركيب الدماغ :

لقد تم دراسة التغييرات في تركيب وظائف الدماغ لدى مـرضى الفصـام
وبعدة وسائل :-

- التصوير الطبقي المحوري (Computed Tomography) .
- التصوير بالرنين المغناطيسي (Magnetic Resonance Imaging) .
- التصوير الطبقي المحوري بإنبعاث البوزيترون
  (Positron Emission Tomography).
- التصوير الطبقي بالبروتون المنبعث المنفرد
  (Single Proton Emission Tomography).

وقد دلت الدراسات التي أجريت بالوسائل المذكورة على ما يلي :-

١- توسع في البطينات الدماغية الجانبية والبطين الثالث ، وذلك في حوالي ٤٠%
من مرضى الفصام ويكون التوسع أكـثر وضوحا عـلى الجانـب الأيسر ـ مـن
الدماغ ، وفي الذكور أكثر من الإناث كما أقترنت هـذه التغيرات بـالأعراض
السلبية والاضطرابات المعرفية .

٢- دلت الدراسات على أن حجم الدماغ ينقص وبكلا الجنسين

بمعدل ٤% في مرضى الفصام .

٣- الفص الجبهي والصدغي : أظهرت دراسات المرض بالوسائل السابقة وبتشريح الدماغ بعد الوفاة ، نقصا في حجم هذين الفصين في مرضى الفصام .

٤- الجهاز الحوفي (Limbic System) خصوصا في الحصين (Hippocampus) واللوزة (Amygdala) وتلفيف ما وراء الحصين (Parahippocampal Gyrus) . وقد دلت الدراسات الحديثة بوسائل التصوير المتطورة على ضمور في اللوزة والحصين يقدر بنسبة ٥-١٠% ، وفي تلفيف ما وراء الحصين هناك نقص في الحجم يصل إلى ٩-١٤% .

٥- العقدة القاعدية (Basal gangalia) .

أظهرت الدراسات انتفاخا في العقدة القاعدية ، خصوصا عندما يكون المريض تحت العلاج بمضادات الذهان التقليدية ، أما عند توقف هذه الأدوية فإن الانتفاخ يزول ، ومعالجة المريض بعقار كلوزابين (Clozapine) لا تؤدي لهذا الانتفاخ ، وبالتالي لا تؤدي إلى الأعراض الجانبية المعروفة باسم الأعراض الباركنسونية ، ومن المعروف أن العقدة القاعدية هي المسؤولة عن داء باركنسون والأعراض الباركنسونية .

الدراسات التي تابعت التغيرات في الدماغ على فترات طويلة لم تجد علاقة بين هذه التغيرات وشدة الفصام ، وأن هذه التغيرات لا تتتابع بصورة منظمة ، بل على الأغلب على شكل موجات ، يتم فيها زيادة حجم التجاويف أو البطينات الدماغية وضمور القشرة

الدماغية خصوصا في الفص الجبهي والصدغي .

والدراسات التي تتم على أدمغة المرضى بعد وفاتهم قد أكدت ما ظهر في التصوير الدماغي أثناء الحياة . ويلاحظ على دماغ مريض الفصام زيادة في تليف الدماغ ، وقلة حجم الخلايا العصبية أكثر من تلفها .

وقد أظهرت الدراسات الوظيفية ، أن هناك توافقا بين نقص اندفاع الدم للفص الجبهي والأعراض السلبية ، وفي التباطؤ الحركي فإن هناك نقصا في اندفاع الدم للفص الجداري ، وقد أجريت دراسات عديدة لمحاولة معرفة العلاقة بين اندفاع الدم لأجزاء من الدماغ في الأعراض المختلفة كالهلاوس السمعية والبصرية ، وغيرها .

التغيرات الكيماوية

من المعروف أن الدماغ يعمل بشبكة من الخلايا العصبية والتي تعد بالمليارات ، وهذه الخلايا تعمل كهربائيا بواسطة التغير في الصوديوم والكلور في الخلية العصبية ، وبالتالي فالخلية توصل الرسائل كهربائيا ، وكل خلية تتصل بالخلايا الأخرى بالمشابك العصبية ، وفي المشبك العصبي تقوم الخلية بتوصيل الرسالة للخلية التالية كيماويا بواسطة مواد كيماوية تسمى الناقلات العصبية الكيماوية ، وقد تركزت معظم الدلائل عبر السنوات الطويلة على الدوبامين (Dopamine) ، وزيادة نشاطه كمؤشر لآلية ظهور الأعراض المرضية ، وجهاز الدوبامين في الجهاز الحوفي هو المقصود بالذات ، وله خمسة مستقبلات تسمى $D_1, D_2, D_3, D_4,$

ويبدو أن هذه المستقبلات منها ماله علاقة بأعراض مرضية معينة ، D_2
ومنها ما يسبب أعراضا جانبية للعلاج الـذي يـؤثر عليـه ، وقـد عرفـت معظم
مضادات الـذهان التقليديـة علـى أنهـا مضادات دوبـامين ، ومـن المؤكد أن
الدوبامين يشكل جزءا رئيسا مـن حلقـة التغيرات الأخرى في ناقلات عصبية
مختلفة ، ومنها السيروتونين (Serotonin) والذي له علىالأقل ١٤ مستقبلا ، ومـن
المؤكد أن بعض العلاجات الحديثة الفعالة تعمل على مستقبلات السيروتونين ،
كمـا أن الأحـماض الأمينيـة مثـل الجلوتـامين والأسـبرات (Glutamine, Asparate)
تلعب دورا في حلقة كيماويات الفصام .

١٠ - الاكتشاف المبكر للفصام

لا شك أن اكتشاف المرض ومعالجته قبل أن يتفـاقم أمـر هـام ويعطـي
نتائج أفضل ، إلا أن هناك عدة عقبات تواجه الاكتشاف والعلاج المبكر ومنها :-

١- ضعف الوعي النفسي : فقد يبدأ الطالب الجامعي بالتأخر الدراسي والعزلـة
عن المجتمع والأصدقاء والأهل ، وقـد يصل الأمر إلى ترك الدراسـة والبقـاء
في البيت ، وقـد يمتد هذا لسنوات طويلـة ، والأهـل يـبررون التصرف بـأن
الجامعة ليست بالمستوى المطلوب وأن المدرسين لم يراعوا مشـاعره ، أو أن
قصة الحب التي تعرض لهـا في بدايـة الجامعـة هـي السـبب ، ويقفـون لا
يحركون ساكنا حيال هذه الظواهر ، وقد يعطونه نصيحة ويكررونها وهـو
يرفض ، وقد يتناقش الأهل في وضعه

ويختلفون دون أن يدركوا أن هذا التغير الهام لا بـد أن يكون مـؤشرا لمشكلة نفسية لا بد للرجوع فيها لأهل الخبرة .

٢- سيطرة المعتقدات الشعبية والشعوذة : في الحالات الحـادة التي يبـدأ فيهـا المـرض بصـورة مفاجئـة وتتطور الحالة خـلال سـاعات أو أيـام ، يتوقـف المريض عن الطعام والشراب ويصبح عنيفا ، وقد يؤدي وضعه لمشاكل مـع الناس والقانون ، فـإن أول مـا يخطر بـبال النـاس هـو أن هنـاك روحـا أو شيطانا أو جنا قد تلبسـه ، فيلجـأون للمشـعوذين والـذين يؤكـدون لهـم صحة هذه المزاعم ، وتبدأ المعالجات البسيطة المقبولة أحيانا مثل قراءة القرآن الكريم ، أو وصف بعض الأعشاب والزيوت والتي قد تحتوي أحيانا على بعض المهدئات ، وقد تتطور لربط المريض وضربه وذلك لإخراج الجن المزعوم منه ، وقد يصعق بالكهرباء وغيرها من التصرفات الخطرة التي قد تودي بحياة المريض أو تعرضه لإصابات خطرة وعاهات دائمة .

٣- الإتجاه الطبي العضوي والعصبي : في بعض الأوساط المتعلمة يعترف النـاس بالمرض العضوي أو العصبي أما النفسي فيعتبرونه من نسج الخيال ، ولذلك قد يتجهون فورا للأطباء العامين والاختصاصيين غـير النفسيين ، ويقومون بإجراء الفحوصات المختلفـة مثل تخطيط وتصـوير الـدماغ ، وفحوصـات الصدر والقلب والصور الشعاعية وفحوصات الدم المختلفة ، وبعد التوصل إلى أن المريض يتمتع بصحة جسدية جيدة ، فإما أن يقال له بأن إدعاءاته لا أساس لها من الصحة ، مثل ربة البيت التي تشكو من الخمول والكسـل وعدم التركيز في العمل،

نتيجة الهلاوس والتوهمات التي تسيطر عليها ، وتحمل السيدة مسؤولية المرض وتهدد بالطلاق ، أو أن زوجها سوف يتزوج عليها ، إذا لم تتوقف عن التمارض ، وقد يقترح أحد الأطباء إستشارة طبيب نفسيـ فيرفض الاقتراح ويستنكر لأن العائلة ليس فيها (جنون) . وقد يتطوع بعض الأطباء غير المختصين في الأمراض النفسية بوصف بعض المهدئات والعلاجات ، والتي قد لا تكون مناسبة وتؤخر من الوصول للطبيب المختص والعلاج الصحيح .

٤- فقدان البصيرة المرضية : معظم مرضى الفصام لا يدركون أنهم مرضى ، خصوصا في بداية الحالة ، أو في حالات الانتكاس ، وبالتالي يرفضون بشدة أي فكرة للعلاج أو مراجعة طبيب أو مستشفى نفسيـ ، وبعض الأسر ترضخ لهذا الرفض وتنتظر أن يأتي اليوم الذي يقتنع فيه المريض بضرورة العلاج ، وقد لا يأتي هذا اليوم أبدا ، ومن الأمثلة على ذلك الرجل الذي يدعي أن زملاءه في العمل متآمرون مع المدير ضده ، وأنهم لا يكفون عن الكلام عنه ، ولا يتوقفون عن حياكة المؤامرات للإيقاع به في الخطأ ، وقد يأتي للبيت في كل يوم شاكيا متبرما ، وقد يقتنع من حوله بقصته ، يشتري العديد من الأقفال والزرافيل التي يستعملها للتأكيد على إحكام إغلاق الأبواب والشبابيك ، ويشتري مسدسا ليدافع عن نفسه وعائلته ضد العدو المزعوم ، يسهر طوال الليل ينظر من الشبابيك ، ويحلل ما يحدث حوله بتوهمات الإشارة للذات ، ويبدأ بسماع أصوات الجيران يتحدثون عن مشاكله في العمل وعن خططه للدفاع عن النفس، كامتداد

لتوهم الاضطهاد والإشارة للذات والهلاوس السمعية ، وقد تمتد هذه المظاهر شهورا وسنوات وقد يمنع زوجته من الخروج من البيت ، لاعتقاده أنهم سيحاولون إقامة علاقة غير مشروعة معها ، وقد يحدث أن يمنع أطفاله من اللعب خارج البيت والذهاب للمدرسة، ويقوم بتحديد المأكولات المسموحة في البيت ، وهي التي لا يمكن تسميمها كالمعلبات والفواكه ، والبيض المسلوق ويرفض أي أكل آخر ، وتبدأ الأسرة بالانتباه إلى أن ما يقوله أخطاء ومغالطات ، فيسألون مكان العمل ويكتشفون أنه لا توجد مشكلة وأن غيابه غير مبرر ، وأن تصرفاته مرضية ، ويتطور الأمر ويخاف من التلفزيون لأنه يتجسس عليه وكذلك الهاتف والمذياع ، ويضعف أكله ويغيب المنطق في كلامه ، وتراه متحفزا للضيف ، لا يجرؤ أحد على ذكر العلاج أو الطبيب أمامه . وفي مثل هذه الحالات لا يوجد مبرر للانتظار والترقب ، وعلى ذوي المريض مراجعة طبيب نفسي ـ لترتيب أسلوب بدء العلاج القسري ، والذي يخضع في العديد من الدول العربية إلى مبدأ أن هذا إنسان بمرضه يشكل خطورة على نفسه وعلى السلامة العامة ، وفي بعض الدول فإن هناك قوانين للصحة العقلية تنظم عملية العلاج الإجباري .

٥- الأفكار الخاطئة عن الطب النفسي : ينتشر ـ بين الناس الكثير من الأفكار الخاطئة عن الطب النفسي ، فالمرض النفسي هو جنون، والعلاج النفسي ـ هو مهدئات تؤدي للإدمان ، وكل مرض نفسي ـ هو مزمن لا شفاء منه ، وإذا تحدث أحد عن الفصام فإن العديد من الناس سوف يتطوعون لتحدي التشخيص نظرا لأن

المريض ليس له شخصيتان كما يعتقد الناس ، أو يتحدى البعض الاخر أنه كيف يقول الطبيب النفسي- أن فلانا مصاب بالفصام رغم أن كل فحوصاته طبيعية ، وقد يتحدى البعض أن الطبيب قد يكون مخطئا والمريض يخادعه، ولذلك قد يكون وصول المريض بالفصام للعلاج قد تحقق ، ولكن موقف من حوله من المرض والتشخيص والعلاج يكون سلبيا ، بحيث يلغي العلاج أو يستبدل برأي طبيب عام أو مشعوذ ، وقد يزعم أحد أفراد الأسرة أن المريض ما هو إلا ضحية ضغوط الحياة والعمل والحل يكمن في إجازة خارج البلاد، وبالطبع تكون هذه الإجازة كارثة في كثير من الأحيان وتؤخر في العلاج .

٦- عدم تقبل الطب النفسي : إن معلومات الناس عموما عن الطب النفسي- وأسلوب التشخيص والعلاج فيه ضعيفة ، ولذلك فقد يأتي المريض وعائلته وفي فكرهم أسلوب معين يتوقعون من الطبيب ممارسته ، مثل إجراء التنويم المغناطيسي أو التحليل النفسي وإقناع المريض على مدى ساعات وجلسات طويلة بالعلاج . ولا يقبلون الأسلوب العلمي العملي المتبع في أخذ السيرة المرضية وتقرير التشخيص والفحوصات اللازمة والبدء فيها ، وأن الطبيب النفسي مدرب ومؤهل للتعامل المناسب مع كل مريض ومع كل حالة مهما كانت .

١١ - علاج الفصام

إن علاج الفصام متيسر برغم ما قد يمر به من صعوبات في بداية العلاج وعدم تعاون المريض ، وقد يتم العلاج في العيادة الخارجية وقد يتطلب الدخول لمستشفى متخصص ، وينصح عادة

بالإدخال في الحالات التالية :-

١- الحالات الحادة التي التي يكون فيها المريض غير متعاون في العلاج وغير متقبل له .

٢- الحالات التي يشكل فيها المريض خطورة على نفسه وعلى الاخرين نتيجة تصرفاته العنيفة .

٣- الحالات التي يمتنع فيها المريض عن تناول الطعام والشراب والعلاج .

٤- الحالات التي لا يستجيب فيها المريض للعلاج الخارجي .

٥- في بعض الحالات تكون بيئة المريض التي يعيش فيها غير ملائمة لوضعه ولا تتناسب مع العلاجات المختلفة ، وكما يمكن أن تكون عاملا مسببا في تفاقم الحالة .

٦- في الحالات المزمنة التي سيطرت عليها الأعراض السلبية مثل اللامبالاة والإهمال وعدم المبادرة والإنطواء والعزلة ، والتي تتطلب برنامجا تأهيليا نفسيا إجتماعيا طبيا حرفيا متكاملا .

٧- في الحالات المزمنة المستقرة نوعا ما والتي تمر في انتكاسات شديدة يصعب السيطرة عليها في بيت المريض وبيئته العادية .

٨- في حالة وجود عائق يمنع رعاية المريض في بيته مثل سفر الأهل أو وجودهم في الغربة ، أو وجود المريض بعيدا عن أهله مثل الطالب الذي يدرس في الجامعة ويسكن لوحده ويمر في حالة فصام حادة تتطلب إدخاله حتى حضور ذويه على الأقل .

مضادات الذهان (Neuroleptics Antipsychotics)

خلال العقود الأربعة الماضية ظهر العديد من العقاقير من

هذه الفئة ، وتنقسم هذه المضادات إلى مجموعتين رئيسيتين ، الأدوية التقليدية والأدوية غير التقليدية .

ومن الأدوية التقليدية

الكلوربرومازين	Chlorpromazine (Largactil)
الثيروديازين	Thioridazin (Melleril)
ترايفلوبيرازين	Trifluperazine (Stelazine)
فلوبنثيكسول	Flupenthixol (Flaunxol)
هالوبيريدول	Haloperidol (Haldol)
بموزايد	Pimozide (Orap)
بنفلوريدول	Penfloridol (Semap)
فلوفينازين	Fluphenazin (Modecate)
كلوبنثيكسول	Clopenthixol (Clopixol)

وتتوفر هذه العقاقير على شكل أقراص ونقط ، وعلى شكل إبر عضلية ووريدية ، ومنها ما هو فوري قصير المفعول كالهالوبيريدول ، ومنها ما هو متوسط المفعول يستمر لبضعة أيام مثل الكلوبيكسول ، والجزء الآخر هي المستحضرات طويلة المفعول والتي قد يتراوح مفعولها بين ٢-٦ أسابيع وعلى الأغلب حوالي ٣-٤ أسابيع ، وفيها ضمان أن العلاج قد أعطي بإنتظام ، وهذه المجموعة من الأدوية كلها ذات فعالية وتتفاوت في الأعراض

الجانبية:-

١- الأعراض الباركنسونية : الرجفة والتيبس والشد العضلي وبطء الحركة .
ولذلك فإن المريض على الأغلب يوصف له أدوية مضادة للباركنسون من
مجموعة مضادات الكولين مثل :

البروسيكليدين Procyclidin (Kemadrin)

بيبيريدين Biperiden (Akineton)

بنزهكسول Benzhexol (Artane)

وهذه العقاقير تعمل على الحد من هذه الأعراض الجانبية ، ولا بد من
أخذها مع مضادات الذهان ، وخصوصا في الحالات التي يأخذ فيها المريض
عقاقير طويلة المفعول وبجرعات عالية .

٢- الأعراض الناتجة عن الأثر المضاد للكولين : غباش النظر ، وجفاف الفم ،
والإمساك ، واحتباس البول أحيانا وخصوصا في كبار السن .

٣- التململ الحركي (الحيصان) Akathesia وفيها يشعر المريض بعدم القدرة على
الجلوس أو الاستقرار في مكان واحد ، ويستمر بالحركة طول الوقت رغم
الإرهاق ، وهي مزعجة . قد يعتقد الأهل أو المعالجون أن المريض ما زال
في حالة تهيج ، فيعطى المزيد من مضادات الذهان ، مما يزيد من الحيصان ،
ويجب التعامل الفوري مع هذه الحالة من قبل الطبيب المختص والتي
تتطلب تخفيف جرعة العلاج وإعطاء بعض الأدوية مثل البروبانولول
(Propanolol) والبنزوديازبين (Benzodiazepine) وغيرها . وهناك من المرضى
من

يحاول الانتحار للتخلص من هذه الحالة المزعجة ، وقد يرفض تعاطي العلاج بعدها .

٤- أعراض متفرقة مثل النعاس،والتأثير على الأداء الجنسي- وأحيانا انقطاع الدورة الشهرية عند النساء وظهور الحليب في الثدي ، حتى عند البنات ومن لم يسبق لهن الحمل أو الولادة والرضاعة.

٥- عسر- الحركة الآجلة Tardive Dysknesia وهي حركات لا إرادية في الفم والفكين واليدين وأحيانا في الجسد ، تحدث بعد سنوات طويلة من الاستعمال لمضادات الذهان وخصوصا في الإناث . ومعالجة هذه الحركة قد تتطلب تغيير العلاج وتخفيف الجرعة أو الانتقال لمضادات الذهان غير التقليدية .

مضادات الذهان غير التقليدية (Atypical Neuroleptics)

حيث أن مضادات الذهان التقليدية وعلى مر السنوات كان لها الأعراض الجانبية المذكورة سابقا ، وكانت تعالج الأعراض الإيجابية أكثر من الأعراض السلبية . فكان البحث مستمرا عن بدائل أكثر فعالية ولا تعمل على مستقبلات الدوبامين D_2 ، والتي تؤدي لأعراض الباركنسون المعروفة .

وقائمة الأدوية غير التقليدية الحديثة تشمل :

كلوزابين	Clozapine (Leponex)
أولانزابين	Olanzepine (Zyprexa)

رسبريدون	Risperidone
	(Risperidal)
أميسلبرايد	Amisulpride (Solian)

وهذه الأدوية وغيرها متوفرة بالعالم ولها عدة مزايا :-

١- الأعراض الجانبية أقل بكثير من الأدوية القديمة .

٢- الفعالية في معالجة الأعراض الإيجابية والسلبية أفضل .

٣- التأثير على الوظائف المعرفية إيجابي ويعمل على تحسين الذاكرة والإنتباه والتركيز .

٤- غالبا ما يكون المريض أكثر تعاونا في تعاطيها من الأدوية التقليدية .

أما أعراضها الجانبية فهي قليلة ، ومنها في الكلوزابين مشكلة انخفاض عدد كريات الدم البيضاء ، ولذلك فإن المريض عندما يوضع على هذا العلاج فإنه سيجري فحصا أسبوعيا لكريات الدم البيضاء بعددها الكلي والتفريقي لمدة ١٨ أسبوعا . وبعد ذلك يصبح هذا الفحص شهريا ، وقد أثبت هذا العقار فعالية في الأعراض السلبية وحالات الفصام المستعصية والشديدة . والتي يتكرر فيها الإنتكاس . أما الأدوية الأخرى مثل أولانزابين ورسبيريدون فإنها لا تتطلب مثل هذه الإجراءات ، ولها فعالية في الأعراض السلبية أيضا ، ومن النادر أن يكون هناك أعراض باركنسونية مع إعطاء رسبيريدال إلا إذا إرتفعت الجرعة بشكل ملحوظ . وقد أصبحت هذه الأدوية هي الأكثر إستعمالا في العالم ، والعائق الوحيد امامها هو إرتفاع أسعارها مقارنة بالأدوية التقليدية، وكما أنها لا تتوفر حتى

الآن على شكل إبر طويلة المفعول . ومن المتوقع أن يتم تصنيعها على شكل إبر (حقن) طويلة المفعول ، للتأكد من أن المريض قد حصل على علاجه ولم يتهرب من بعض الجرعات أو يخفيها .

معالجة الحالات الحادة

في الحالات الحادة قد يتطلب إعطاء المريض علاجات بالوريد أو العضل سريعة المفعول خصوصا الهالوبيريدول ، وكما يمكن إستعمال كلوبيكسول متوسط المفعول والذي يبدأ العمل خلال ساعات ويستمر ثلاثة أيام . وإذا تطلبت الحالة الإدخال فلا بد من البدء في المعالجة بالفم إذا أمكن وبجرعات ترفع تدريجيا حتى يتم السيطرة على الوضع ، ثم يتقرر من قبل الطبيب العلاج الذي سيستمر خلال وجود المريض في المستشفى وبعد خروجه ، وإذا قرر الطبيب إستعمال العقاقير طويلة الأمد ، فلا بد أن يبدأها بشكل تدريجي وبجرعات متصاعدة حتى يختبر تقبل المريض لهذه العلاجات وعدم ظهور أعراض جانبية ، وفي معظم الحالات لا بد من وضع المريض على أحد الأدوية المضادة للباركنسون . وقد يكون الاتجاه في الأغلب إبقاء المريض على جرعة واقية ومتابعته ، ولمدة سنة على الأقل إذا كانت الأمور على ما يرام ، ويكون تخفيض العلاج تدريجيا. والطبيب يعمل على أن يستعمل أقل الجرعات التي حافظت على التحسن وفيما إذا كان هناك مبرر لاستعمال العلاجات الحديثة ، فإن ذلك قد يكون مبررا إذا لم يتحمل المريض الأعراض الجانبية ، وإذا كان هناك خلال فترة العلاج اللاحقة ظهور للأعراض السلبية . كما أنه يمكن إستعمال العلاجات

الحديثة إبتداء إذا كانت الكلفة العالية لا تشكل عائقا .

معالجة الإنتكاسات

سواء كان المريض على علاج وقائي مستمر أو قد تركه ، وبدأت الانتكاسة على شكل حالة حادة ، فإن المعالجة يجب أن تأخذ طابع السرعة ، وإعادة العلاج الذي قطع أو البدء بعلاج جديد ، حسب ما تقتضيه الحالة سواء أدخل المريض المستشفى وتطلب العلاجات الوريدية والعضلية ، أو أنه أعطي علاجات عضلية وأقراصا لاستعمالها في البيت ، ثم لا بد بعد ذلك البحث في أسباب الانتكاسة والتي قد تكون ناتجة عن عدة أسباب :-

١- الإنقطاع عن العلاج بناء على رغبة المريض أو نصيحة من أحد المشعوذين ، بترك العلاج ودهن جسمه بزيت الزيتون أو وضع حجاب في جيبه .

٢- حدوث ضغوط نفسية وإجتماعية مثل وفاة أحد أفراد الأسرة أو مرضه ، أو فصل المريض من العمل ، أو الطلاق ، أوالمشاكل الزوجية والاجتماعية .

٣- التغيير في الأعراض : قد تتغير أعراض مريض الفصام وتظهر أعراض جديدة ، أو يدخل المريض في حالة اكتئاب ، وكثيرا ما تمر هذه التغيرات دون أن يلاحظها أحد ، وقد تكون محاولة الانتحار هي أول ما يلفت نظر الطبيب والأهل لهذه التغيرات .

٤- الانتكاسات الموسمية عند بعض المرضى : هناك فترات من

السنة عند بعض المرضى ، يتكرر فيها الانتكاس مثل الربيع أو الخريف ، ويجدر بالمريض أو الأهل والطبيب أن يراقبوا هذا الوقت ويؤكدوا على العلاج بل ويكثفوا اهتمامهم في تلك الفترات .

٥- هناك انتكاسات يصعب أن يحدد لها أي سبب أو مؤثر خارجي أو داخلي . وتكون من طبيعة سير المرض وتطوره .

الحالات المزمنة

الحالات المزمنة سواء المهملة التي لم تعالج ، أو لم تعالج بالشكل الصحيح ، أو أنها لم تتجاوب مع العلاج ، فلا بد هنا من إتباع النقاط التالية :-

١- مراجعة التشخيص والتأكد من عدم وجود أعراض مختلطة وجدانية .

٢- مراجعة الحالة الجسدية من مشاكل الغدد أو الأمراض العصبية والصرع .

٣- مراجعة المعالجات السابقة وتقييم سبب عدم فعاليتها إن أمكن.

٤- إتخاذ القرار فيما إذا كان وجود المريض في البيت أو المستشفى هو الأفضل لمعالجة حالته المزمنة المستعصية ، مما يتطلب العلاج المبرمج من قبل الفريق النفسي المعالج في مستشفى متخصص .

٥- في حالات مزمنة يكون هناك ظروف نفسية واجتماعية في حياة المريض ، تقف عائقا في تقدم حالته ، وخصوصا إذا كان

هناك مشاكل عائلية وارتفاع في التعبير العاطفي .

٦- هناك من المرضى من يعبث بالأدوية والمهدئات والمخدرات والكحـول مـما يجعل الحالة مزمنة بلا شك .

وبعد الوصول إلى القناعـة في الحالـة المزمنـة وتحديدها ، لا بـد مـن الاتفاق مـع المريـض وذويـه عـلى خطـة وتنفيذها ، مثـل أن المريـض بحاجـة للانتقال من الأدوية التقليدية للأدوية الأحدث ، أو الدخول للمستشفى والبـدء في علاج كلوزابين ، ولفترة أسابيع أو شهور ، يتم فيها وضع برنامج تـأهيلي . أو غير ذلك من إجراءات وعلاجات وفحوصات .

التأهيـــل :

التأهيل النفسي لمريض الفصام هو عملية إعادة المريض لممارسة حياتـه بأقرب صورة للوضع الطبيعي ، وهذا يتم في برنامج خاص لكل مريض وحسـب إمكانياتـه وثقافتـه ودراسـته وعملـه وشخصـيته وعمـره ومتطلبـات حياتـه المستقبلية ، والتأهيل لا يتم بمعزل عن المعالجة الدوائية والنفسية والاجتماعية بل مجموع هذه المعالجات مضافا إليها :-

١- إختبار نقاط القوة والضعف في شخصية وقدرات المريض .

٢- التركيز على نقاط القوة وتعزيزها ونقاط اهتمام المريض .

٣- وضع برنامج يومي يشمل الرياضـة ، القـراءة والصلاة والإعتنـاء بالحاجـات الخاصة ، والإهتمام بالنظافة الشخصية والهندام والحمـام ، ومشـاهدة التلفزيون والقيام بأعمال التسلية .

٤- التركيز على تطوير مهنة للمريض ، مثل التعلم على النجارة أو الحدادة ، أو تطوير المعرفة بالكمبيوتر والالتحاق بدورات مهنية أو علمية أو دراسة اللغات أو العمل على تشغيله في الزراعة والصناعة .

٥- التركيز على الاجتماعات والنشاطات الجماعية للمرضى ومناقشة مشاكلهم وطموحاتهم معا ومع كادر المستشفى ، وإعطاء المريض الحق في تقرير ما يرغب فعله . واستغلال المناسبات كالأعياد ، وأعياد الميلاد والأفراح لتعزيز الترابط الاجتماعي .

٦- لا بد وأن يشمل التأهيل جلسات علاج عائلية ، يتم فيها تعديل سلوكيات ومواقف العائلة من المريض ، وتخفيف النقد والعدوانية والتدخل الزائد ، ومساعدة العائلة في أخذ المواقف المناسبة ، ومعرفة متى يكون الحزم ومتى تطلب الشدة ومتى يمكن التساهل ، وهذا يتطلب عدة جلسات عائلية مع الطبيب المعالج أو أحد أطراف الفريق الطبي النفسي .

٧- أحد وسائل التأهيل هو أسلوب يسمى (اقتصاد النقاط) (Token economy) ، وفيه يكون هناك نظام تشجيعي ، يعمل الفريق الطبي في المستشفيات على أساسه ، وهو مبني على نظريات التعلم ، فلكل عمل إيجابي يقوم به المريض يحصل على نقاط توضع على لوحة ، ويعطى قطعة معدنية لتثبيت المكتسبات ، ويكون هناك تسعيرة واضحة لكل عمل يقوم به مثل نقطة لترتيب الفراش وإثنتين لمساعدة مريض آخر ، وثلاثة للالتزام بالبرنامج اليومي ، وأربعة للمبادرات الهامة مثل الاحتفال بعيد

ميلاد زوجته ، وتوضع هذه النقاط كرصيد ، يستعمله في شراء ما يرغب مثل الخروج في إجازة الأسبوع مقابل خصم عشرـ نقاط ، وقد أثبت هذا الأسلوب فعاليته في بعض المراكز . خصوصا تلك التي ترعى مرضى مزمنين أقاموا في المستشفيات عشرات السنين ، وأصبحت السلبية واللامبالاة هي المشكلة المحورية عندهم .

المعالجة النفسية والإجتماعية :

تعد المعالجة النفسية والاجتماعية جزءا مكملا للمعالجة الدوائية ، ولكن المعالجة النفسية والاجتماعية بمفردها غير كافية ، وكما أن المعالجة النفسية لا تشمل إطلاقا التحليل النفسيـ ، ولا التنويم المغناطيسيـ ، وهما شكلان من أشكال العلاج النفسي غالبا ما يعدهما الناس أساسا للطب النفسيـ والمعالجة النفسية الداعمة والمعرفية والسلوكية والجماعية والعائلية ، والتدريب على المهارات الاجتماعية ، وليست العبرة في الإكثار من أشكال العلاج النفسي والاجتماعي بل في إختيار ما يناسب حالة المريض ، والعلاج المهني أحد أشكال المعالجة بالعمل والتي تساعد في إعادة تأهيل المريض .

معالجة مريضة الفصام في الحمل وبعد الولادة

لا تزيد الانتكاسات الفصامية مع الحمل ، وقد يكون هناك زيادة بسيطة بعد الولادة ، وخصوصا إذا ترافقت أعراض مزاجية مع الفصام . وأما معالجة مريضة الفصام أثناء الحمل فقد تواجه

بعض الصعوبة ، خصوصا إذا تركزت التـوهمات حـول الحمـل نفسـه ، وأما تأثير الأدوية على الجنين فلا بد مـن التأكيـد عـلى أنـه إذا أمكن تخفيض العلاجات أو وقفها في الثلث الأول مـن الحمـل فهـذا جيـد ، مـع مراعـاة عـدم حدوث انتكاسات ، وفي الثلث الثاني يسهل الأمـر وفي الثالـث يصبح استعمال مضـادات الـذهان التقليديـة آمنـا . وهـي بشكل عـام أدويـة لم يسجل فيهـا تشوهات في الجنين ، ومن الصعب الحكم على الأدوية غير التقليدية الجديـة ، فالخبرة فيها ما زالت قصيرة ، أما البنزوديازبين والليثيوم فلا بد من تجنبهما في الحمل .

أما بعد الولادة فإن الأمر الهام ، هو تحديد إذا ما كان هناك إنتكاسـة ، وقد يكون من المفيد تعزيـز الجرعـات الوقائيـة بعـد الـولادة ، خصوصـا عنـد النساء اللواتي تكرر عندهن انتكاس النفاس ، ومعظم مضادات الذهان لا تفـرز بالحليب بكميات كبيرة ، ولا تؤثر على الرضاعة الطبيعية ، بل قد تحسـن مـن كمية الحليب ، كما لا بد من تقييم قدرة المرأة عـلى رعايـة المولـود ، ومـدى الرعاية والرقابة المطلوبة في هذه المرحلة ، وحاجـة الأم للـدخول للمستشفى ، وفيما إذا كان هناك ضرورة لبقاء الطفل معها ، وقد ظهرت لفـترة مـن الوقـت وحدات الأم والطفل ، لإدخال الأمهات المريضات مع أطفـالهن ، وتحت رقابـة ورعاية تمريضية .

الفصام والإكتئاب

في أي قسم لمرضى الفصام تجد ربعهم يعانون مـن الاكتئـاب ، وكـما أن غالبية مرضى الفصام تظهر لديهم أعراض اكتئاب في بداية المرض ، وكما أنه من الشائع أن يمر مريض الفصام بحالة

اكتئاب بعد تحسن الفصام ، وما سمي باكتئاب ما بعد الذهان (Post Psychotic Depression) ، ومن المهم أن نتذكر دائما ، أن أعراض الكآبة المصاحبة للفصام تزيد من خطورة الانتحار ومحاولاته ، ولا بد من التفريق بين الاكتئاب وبين تكدر المزاج الذي ينتج عن بعض مضادات الذهان ، أو الحيصان والأعراض السلبية . ولا يوجد ما يميز أيا من مضادات الذهان التقليدية عن بعضها في معالجة أعراض الاكتئاب المذكورة ، أما الأدوية غير التقليدية فلها أثر جيد في معالجة أعراض الإكتئاب وتخفيف إمكانية حدوثه بدرجة كبيرة ، ولا يبدو أن مضادات الذهان قد تكون أكثر فعالية ، وبالنسبة للأدوية المعدلة للمزاج كالليثيوم ومضادات الصرع المختلفة قد يكون لها دور بسيط في مثل هذه الحالات .

الفصام والعنف

إن العلاقة بين الفصام والعنف علاقة شائكة ، وكان من أفضل طرق رصدها هو دراسة الجريمة وعلاقتها بالفصام . وقد دلت الدراسات المختلفة على ما يلي :-

١- ٨% من مرتكبي جرائم القتل أو محاولات القتل هم من مرضى الفصام .

٢- إن احتمال انخراط مريض الفصام بأعمال عنف هي أربع أضعاف الأشخاص العاديين .

٣- إن السلوك العنيف والإجرامي في المرأة ، يرتفع بشكل واضح عن باقي النساء ، وحتى عند النساء اللواتي يعانين من مشاكل نفسية غير الفصام .

٤- معظم مرتكبي العنف من مرضى الفصام يكونون معروفين للخدمات النفسية ، ولكنهم يكونون قد تركوا العلاج عند قيامهم بأعمال عنف .

٥- إن الفترة التي تبرز فيها مشاكل عنف مرضى الفصام هي ما بين ٥-١٠ سنوات من بداية المرض ، وعادة تكون أعمال العنف مرتبطة بالتوهمات والهلاوس ، وقد يكون الضحية ليس من عائلة وأقارب ومعارف المريض بل عابر سبيل . ويلاحظ العنف عند مرضى الفصام يزيد عند أولئك الذين لهم شخصية عنيفة سيكوباثية أصلا ، ويجدر أن لا نخيف أنفسنا من مريض الفصام، فاحتمال انتحاره هو مائة ضعف احتمال اقترافه جريمة قتل .

تقييم خطورة المريض :

إن تقييم خطورة مريض الفصام ، من حيث الميل للعنف والسلوك الإجرامي كثيرا ما يكون ضروريا لاتخاذ قرار حول إدخال المريض للمستشفى أو إخراجه أو نقله لمستشفى خاص بالمرضى الذين اقترفوا جرائم ، وهذا التقييم يعتمد على عدة أمور :-

١- المريض نفسه : لا بد من تقييم العلاقة بين الأعراض المرضية والسلوك العنيف السابق ، ودرجة الاستجابة والتعاون مع العلاج ، ومدى اتزان الشخصية السابقة للمرض ، ودرجة الاعتماد على الكحول أو المخدرات إن وجدت ، وكما أن تطور البصيرة المرضية واعترافه بمرضه وإدراكه لسلوكه أمر هام جدا في ترجيح تضاؤل الخطورة .

٢- البيئة الاجتماعية : ويقصد بها المكان الذي يعيش ويعمل فيه

المريض ، والـذي حـدث فيـه السلوك الإجرامـي ، ومـدى مسـاهمة العوامـل الخارجية في استفزاز العنـف ، وفي اسـتقراره أو توقفـه أو تصـاعد حدتـه ، وكما لا بد من البحث في الظروف البيئية والإجتماعية التي تغيرت ، وفيما إذا كان هذا التغير سيساعد في زيادة أو تخفيف العنف ، ومـدى الرعايـة النفسية والمتابعة الممكنة في بيئة المريض ، وإمكانيـة بقائـه تحـت إشراف الخـدمات النفسـية ، فقـد أظهـرت الدراسـات والخـبرة أن أولئـك الـذين يستمرون على اتصـال بالخـدمات النفسـية تقـل عنـدهم فرصـة السـلوك العنيف الخطر بينهم .

٣- الضحايا المحتملون : خلال دراسة سلوك المريض العنيف السابق والضحايا الذين تأثروا بهذا السلوك ، فإنه يصبح من الممكن تحديـد علاقـة المريض مع ضحاياه ، فهل هم من العائلة أو الخارج ، وهل كانوا الأشخاص الـذين سلطت عليهم التوهمات والهلاوس ، أم أنهم كانوا غير ذلك ، ومـن خـلال ذلك من هم الضحايا الممكن توقعهم بحالته ؟ وحـذرهم منـه وسـهولة أو صعوبة الوصول إليهم ، وإذا كان يفترض بهؤلاء الأشـخاص أن يعيشـوا مـع المريض فما هي المساعدة المتوفرة لهم ، وسـهولة الحصـول عـلى خـدمات الطوارئ النفسية ، وغالبا فإن الأقارب الـذين يعيشـون مـع المريض هـم الأكثر تعرضا للعنف وخصوصا الأم التي ترعى ابنها وابنتها المريضة . ويكون الابن معتمدا عليها ماديا ومعنويا وعاطفيا.

١٢ - التعامل مع المريض العنيف

يعتبر التعامل مع المريض العنيف ، من الطوارئ النفسية الهامة ، التي يقوم بها الطبيب والفريق النفسي بالتعاون مع أهل ومرافقي المريض ، مع التوجه المهم للتعامل الإنساني والحرص على عدم وقوع أذى .

١- التهديد بالعنف : إن التهديد بالعنف يتطلب التحدث مع المريض بلطف وهدوء ، ومساعدته في تقدير خطورة ما يهدد به، ولا بد من وضع حدود حازمة في التعامل دون اللجوء للمواجهة ، وهذا يتطلب خبرة ومهارة وتقديرا صحيحا للموقف ، وتقديرا صحيحا لتوقع حدوث العنف ، وإذا تجاوب المريض فلا بد من إعطائه بعض العلاجات فورا ، بموافقته إما بالفم أو بالعضل حتى يتم السيطرة على الموقف .

٢- التعامل مع العنف الحاد : إذا ظهر العنف بشكل واضح ، فإنه يصبح من الضروري السيطرة على المريض وإعطاؤه العلاجات الوريدية كالهالوبيريدول بأسرع ما يمكن وقبل أن يؤذي المريض من حوله أو نفسه ، وهنا غالبا ما يتطلب الأمر الإمساك الجسدي بالمريض من قبل الطبيب والممرضين بحزم ، مع مراعاة أن يكون هناك أربعة أشخاص على الأقل لإظهار القوة والسيطرة على الأطراف الأربعة ، وبعد أن يهدأ المريض يتم فحصه ومراقبته وتوضع خطة العلاج الطويلة ، وبعد أن يهدأ المريض يكون من المناسب التوضيح له أن ما تم كان لصالحه .

٣- المعالجة الطويلة للعنف : إن مريض الفصام العنيف يتطلب المعالجة مثل غيره من مرضى الفصام ، ولكن لا بد من أن يقيم وضعهم على فترات متقاربة ، وأن يكون هناك ضمانات لأخذ العلاج الموصوف ، وقد تكون الإبر طويلة المفعول هي الأكثر ضمانا ، وهناك بعض العقاقير مثل الكلوزابين لها فعالية خاصة في تخفيف العنف وتخفيف الميل للإدمان .

١٣ - كلفــــة الفصــــام

يعتبر الفصام من الأمراض المكلفة على المجتمع وذلك لعدة أسباب :-

١- إن المرض يحدث في بداية الحياة الإنتاجية للفرد وقد يعيقها .

٢- إن مسيرة المرض المزمنة قد تحد من قدرة المريض على العمل .

٣- الوفيات ليست عالية فالفصام ليس مرضا قاتلا .

٤- العلاج مكلف وكذلك الرعاية الصحية الاجتماعية .

٥- يشكل المرض عبئا ماديا على الأسرة .

٦- يعاني المرضى وذويهم من مشاكل الوصمة الاجتماعية ، وما يمكن أن يسببه ذلك للعائلة من مشاكل ، مثل عدم إقبال العرسان على الزواج من شقيقات المريض أو المريضة ، وما يسببه هذا من آثار ويعرف علماء الاقتصاد كلفة المرض بأنها ذات أبعاد كثيرة :

١- الكلفة المباشرة : المال الذي ينفق على الخدمات النفسية المقدمة للمرضى ، وتلك الأموال التي ينفقها أو يخسرها من يقوم على رعاية المريض .

٢- الكلفة غير المباشرة : وتشمل خسارة أموال كان يمكن استثمارها في مجالات أخرى ، بالإضافة للتأثير على إنتاج المريض ومن يرعاه .

٣- الكلفة المعنوية : وهي المعاناة والألم الذي يتحمله المريض ومن يرعاه وما لذلك من تأثير على نوعية الحياة.

١٤ - دور العائلة في مرض الفصام

للعائلة دور مهم وأساس في هذا المرض . خلافا لكثير من الأمراض التي يتولى المريض شأن مرضه ، وهذا الدور يتداخل ويتطور حسب مراحل المرض .

١- دور العائلة في اكتشاف المرض : وهذا أمر في غاية الأهمية ، فلا بد أن تنتبه العائلة للتغيرات التي تحدث عند الإنسان ، خصوصا المفاجأة منها ، مثل العزلة غير المبررة ، أو التدين المبالغ فيه المفاجئ ، أو العصبية والنرفزة بدون أسباب موجبة ، بالإضافة للخوف والحذر الزائد ، والإهمال في العمل والدراسة والابتعاد على العلاقات الإجتماعية ، إن مثل هذه التغيرات قد تكون مؤشرا للفصام أو غيره من الأمراض النفسية ، والعائلة لا بد أن تتدخل ، وتسأل عن التغير وتحاول الإستماع وإظهار الإهتمام بالمريض ، وقد تكون هذه مؤشرات لمشاكل أخرى كالإدمان أو الاكتئاب أو غيرها ، وإذا لم تفلح العائلة في التفاهم مع المريض ، فعلى أفراد العائلة إستشارة طبيب نفسي في الموضوع ، الذي يحدد بدوره الأسلوب الذي سوف يتبع فيما إذا كان زيارته بالمنزل ، أو حضوره للعيادة من أجل تركيز

الدراسة أو الصداع أو أي عرض يهم المريض ، حتى لو لم يكن هو العرض الذي يهم الطبيب ، وفي بعض الحالات قد يتطلب الموقف التدخل الحاسم وخصوصا عند ظهور بوادر العنف والمقاومة ، وفي كل هذا تكون العائلة بحالة تأثر وضغط كبير ، وعليها تحمل الإجراءات الطبية ، ومن إعطاء العلاج بالقوة أو إدخال المريض للمستشفى النفسي ، والتعاون مع الفريق المعالج في الخروج من الأزمة والانطلاق في العلاج .

٢- دور العائلة عندما يكون المريض في المستشفى : وهنا لا بد أن ننوه إلى أن زيارة المريض في المستشفى في مثل هذه الحالات ليست كزيارة مرضى القلب أو العمليات الجراحية ، فقد تكون التوهمات والشكوك كلها مركزة على أفراد العائلة أو زملاء العمل والأصدقاء ، وقد يكون من المناسب أن يحدد الطبيب المعالج وقت الزيارة ومن يزور المريض ومن لا يزوره ، حسب تقدم حالته ، ولا بد للعائلة أن تتعاون مع هذه التعليمات ، وكذلك مع التعليمات التي يعطيها الطبيب بخصوص الحديث عن الأوهام والهلاوس أو عدم الحديث ، وبعد استقرار المريض، وقد يصرح له بإجازات قصيرة للخروج مع الأهل حتى يتم إختباره في البيئة الطبيعية ، كل هذه الأمور مهمة وتلعب دورا رئيسيا في الوصول لدرجة التحسن المطلوبة بأسرع وقت .

٣- دور العائلة في البيت : سواء دخل المريض المستشفى أو لم يدخل ، فإن هناك أمورا كثيرة في البيت لا بد من أخذها بالاهتمام . ففي الحالات الحادة التي يشفى منها المريض

ويتحسن ويعود لعمله ، يكون دور العائلة مراقبة العلاج ومتابعته دون إحراج المريض ودون إستعمال كلمات جارحة ، وإبقاء الأمر شخصيا وسريا قدر الإمكان . أما في الحالات المزمنة فعلى العائلة دور أكبر ، فالمبدأ في التعامل مع الحالات المزمنة والأعراض السلبية هو أن لا تكون الأسرة كثيرة الانتقاد والتدخل والعدوانية ، ولا يكون التعبير العاطفي مرتفعا مما يزيد من الانتكاسات ، ولا تكون العائلة سلبية لامبالية ، تترك المريض لوحده ساعات طويلة ولا تحاول أن تحثه على عمل أي شيء ، فالحل هو الوسط ، أن نتابع أمور المريض دون تدخل بالتفاصيل ودون إظهار عداوة والتخفيف من النقد ، وحثه بحزم واحترام على الاهتمام بنفسه ونظافته وعلاجه ، وحثه على التخفيف من السجائر والقهوة ، وبالتالي فإنه إذا قررت العائلة أن تخرج في رحلة ، فالصحيح أن لا تصر وتؤكد وتتشدد عليه بالخروج مع العائلة لدرجة إجباره وإكراهه ، ولا أن يسأل فيرفض فيترك ، لا بد من اقتراح الرحلة وتشجيعه بكل الوسائل دون إشعاره بالضغط عليه ، وبذلك تكون العائلة تمسك العصا من الوسط وتقيم التوازن .

٤- دور العائلة في الانتكاسة : عند ملاحظة العائلة لمظاهر التغير في حالة المريض ، فلا بد أن تسارع للاتصال بالطبيب وتعرض عليه التغيير ، ومع تكرار الانتكاسة يجب أن تكون العائلة أكثر دراية ببوادر الانتكاس ، وعدم التراخي في الوصول للعلاج وإجراء اللازم .

٥- دور العائلة في الأعراض الإيجابية : كثيرا ما تقحم العائلة نفسها

في مجادلات مرهقة ونقاشات عميقة حول الهلاوس والأوهام والشكوك ، وتقضي الأسرة وقتا طويلا في محاولة تغيير هذه الأفكار ، وذلك لعدم معرفتهم أن هذه الأفكار في تعريفها أنها لا تزول بالنقاش المنطقي . وقد يسأل المريض الأهل الكثير من الأسئلة المحيرة ، مثل من خلق الله ، ولماذا لا أكون أنا النبي ، وكيف يكلمني رب العالمين ولا تسمعونه ، ولماذا تتآمر علي الدولة ، ويفضل إذا لم يكن لديهم إجابة أن لا يجيبوا وينصحون بالإستفسار من الطبيب أو أحد أفراد الفريق المعالج ، وإذا كانت لديهم إجابة فيقولونها وإذا رفضها المريض فلا داعي للتوتر والنقاش الحاد .

٦- دور العائلة في رعاية المريض : هناك من المرضى من يبقى مستقلا معتمدا على نفسه ، قادرا على تسيير أموره فليترك بإستقلاليته ، أما بعض المرضى فإنهم يكونون بحاجة للرعاية والمتابعة الدائمة ، والمساعدة في أمور الحياة اليومية ، وحل المشاكل العائلية والإجتماعية ، وفئة قليلة من المرضى قد تكون معتمدة كل الاعتماد على الأسرة ، والسياسة الصحيحة هي محاولة ترك بعض الاستقلال والحرية والاعتماد على النفس على قدر ما تسمح الحالة .

١٥ - العلاجات القديمة

على مدى الحياة حاول البشر معالجة الأمراض النفسية بطرق كثيرة ، وفي القرن الماضي ، أستعمل العلاج بالإختلاج الكيماوي أولا من قبل مدونا ثم بالاختلاج الكهربائي من قيل سير

ليتي وبيني، على أساس أن الاختلاج يؤدي لنوبة صرع ، وأن الفصام والصرع لا يلتقيان ، وقد مثل استعمال العلاج الكهربائي في الفصام وهو الآن مقتصر على حالات قليلة التي يكون فيها اكتئاب شديد أو أعراض جامودية ، كما استعمل الأنسولين لإحداث غيبوبة وبعدها كان يعطي المريض السكر ، وكانت معالجة خطرة وقد توقفت ، واستعملت الجراحة النفسية بداية في إزالة جزء من الفص الجبهي ، وتطورت إلى عدة أشكال من الجراحة ، ولتمكنها الآن لا تستعمل في الفصام وإستعمالها قليل في القلق الشديد والوسواس . والآن أصبح الأمل في العلاجات والعقاقير الحديثة في التحسن والشفاء أكبر بكثير ، وإذا نظرنا للمستقبل فإن الهندسة الوراثية والدراسات الكيماوية المفصلة للدماغ قد تحمل الأمل في علاجات أكثر فعالية .

١٦ - دور الطبيب العام

إن تشخيص الفصام يجب أن يتم من قبل الطبيب النفسي ولكن هذا لا ينفي دور الطبيب العام وطبيب الأسرة الذي قد يكون أحد الأشكال التالية :-

١- دور الطبيب العام في بداية المرض : قد يكون الطبيب العام أو طبيب الأسرة المألوف للمريض أكثر قدرة على إقناع المريض في العلاج والوصول إلى الطبيب المختص ، وإذا تطلب الأمر فقد يقوم الطبيب العام بإعطاء بعض الأدوية كالإبر أو النقط لتوصيل المريض إلى الطبيب المختص .

٢- دور الطبيب العام في متابعة المريض : قد يكون من المفيد أن

يكون لدى الطبيب العام أو طبيب الأسرة تقرير بحالة المريض والأدوية التـي يستعملها ، ويكون له دور في صرف وإعطاء الأدوية وتعديلها بالتشاور مع الاختصاصي ، ويمكن أن يأخذ دورا في تعليم العائلة وتثقيفها وتحسـين تعاملها مع المريض .

٣- دور الطبيب العام في التنسيق : قد يتطلب مريض الفصام معالجـات طبيـة وجراحـة غـير نفسـية ، عـلى الطبيـب العـام التنسـيق فيهـا مـع الأطبـاء الإختصاصيين الآخرين ، وإعلامهم بوضعه والتنسيق مع الطبيـب النفسي ، فيما إذا كان الوضع الطبي القائم يتطلب تعديلات في المعالجة .

١٧ - دور الفريق الطبي النفسي

إن العمـل في الطـب النفسيـ يقـوم عـلى أسـاس الفريـق الـذي يشـمل الأطباء والممرضين والباحثين الاجتماعيين والمعالجين النفسيين والمعالجين المهنيين ، وهؤلاء يعملون معا بتكامل وتنسيق ويرأس الفريق مستشـار الطـب النفسيـ الذي يوزع المهام ويستمع لتقارير كافة أعضاء الفريق ، وقد تطـور الفريـق في الدول المتقدمة ليشمل أفرادا متحركين في المجتمـع، فهنـاك ممرضـة أو ممـرض يزور المريض في بيته ، ويكون على اتصال بالاختصاصي وطبيب الأسرة ، وكذلك فإن الباحث الإجتماعي يمكن أن يكون مرتبطا بالطبيـب العـام ويعمل عـلى مساعدة المريض في أمور حياته المختلفة إذا لم تستطع العائلة القيام بـذلك ، وفي داخل المستشفى فإن المعالج المهنـي والمعـالج بالموسيقى والفن والرسـم والدراما يلعبون دورا هاما في عملية العلاج والتأهيل . ويلاحظ أن المرضى الذي

يكونوا تحت إشراف فريق يكونون أكثر تجاوبا مـن الـذين يكونون تحت إشراف طبيب بمفرده ، فإذا تعذر إيجـاد الطبيب في أي لحظـة يمكن أن يتم الاتصال بأحد أفراد الفريق ، وقد تنشأ علاقة جيدة بين المريض وأحد أفراد أعضاء الفريق مما يسهل السيطرة على المرض والانتكاسات .

١٨ - الجوانب القانونية للمرض

إن مرض الفصام من أكثر الأمراض ذات الأبعاد القانونية ، وهذه الأبعاد كثيرة ومتشعبة وأهمها :-

١- العلاج الإجباري : في الطب عموما يتطلب أي علاج موافقة المـريض ، ولكـن في الفصام فإن طبيعة المرض تجعل من العـلاج الإجبـاري ضرورة ملحـة في كثير من الأحيان ، وفي هذا الشأن فإن كثيرا في الـدول كالأردن يـتم فيهـا العلاج الإجباري بناء على المفهوم القانوني العام . وهو أن الطبيـب مكلـف بمعالجة المريض حتى لو رفض إذا كان هـذا لمصلحته ، وإذا كان المـريض يشكل خطورة على نفسه وعلى الآخرين ، وهذا يـتم بالتعاون مـع ذويـه. أما في بعض الدول العربية والدول المتقدمـة ، فـإن هنـاك قـوانين للصحـة العقلية تضع آلية للعلاج الإجباري ، فقد تتطلب تقريرا من طبيب أو أكثر وطلب من ذوي المريض ، أو إدارة الشؤون الاجتماعية أو الشرطة .

٢- الأهلية القانونية : إن إصابة المريض بالفصام قد تؤثر على أهليتـه القانونيـة في بعض المجالات ، ولكـن هـذا ليس بالضرورة، ولا بـد أن يقيم مـريض الفصام من حيث الأهلية كلما اقتضت

الحاجة مثل أهليته لإبرام العقود ، أهليته للزواج ، أو أهليته لأداء شهادة في المحكمة ، أو أهليته للمثول أمام المحكمة ، هناك شروط للأهلية يجب توفرها لتكون الأهلية قائمة أو غير قائمة .

٣- المسؤولية القانونية الجنائية : يفترض في كل إنسان أنه مسؤول عن أعماله ما لم يثبت عكس ذلك ، وإذا أثيرت المسؤولية الجنائية في المحاكم من قبل الإدعاء أو الدفاع أو القاضي ، فلا بد من تنظيم تقرير طبي يحدد المسؤولية ، ومدى تأثرها أو عدم تأثرها بالمرض ، فالمريض الذي يسمع أصواتا تأمره بالإيذاء والقتل ، هو غير مسؤول ، أما إذا كانت الجريمة لا علاقة لها بالأعراض المرضية فهو مسؤول عن تصرفاته ، وفي القوانين هناك إلغاء كامل للمسؤولية ، أو تخفيف لها حسب درجة المرض وطبيعة الجريمة .

٤- الحجر والوصاية : إذا كانت حالة الفصام شديدة ، وتؤثر على قدرات المريض في التصرف بأمواله وتدبير أمور حياته ، فإن أحد أفراد العائلة يطلب من المحكمة الشرعية أو الكنسية الحجر على المريض ، وتنظر المحكمة في الطلب وتعتمد على تقرير الطبيب المختص ، وإذا وجدت أن المريض غير قادر فعلا على إدارة أمور حياته تحجر عليه وتعين وصيا تثق به المحكمة للمحافظة على أموال المريض ، ومراقبة صرفها لمصلحته ، ولا يعني الحجر والوصاية أبدا تجريد المريض من أمواله .

١٩ - الشعـــوذة

لأن مظاهر الفصام غريبة وغير ملموسة فقد ربطت دائما بالتلبس والشياطين والجن وغيرها من الظواهر ، واستغل محترفو الشعوذة هذه النقطة ليؤكدوا المعتقدات الشعبية ويرسخوها لمنافعهم ومصالحهم ، فالمريض الذي يسمع صوتا دون غيره ودون وجود مصدر واضح للصوت سيلجأ لثقافته في تفسير هذه الظاهرة، وإذا جاء مشعوذ ليؤيد هذا التفسير فإن المريض يتوه بين المشعوذين، وكل المشعوذين لا يسمون أنفسهم بهذا الإسم فمنهم من يدعي المعالجة بالقرآن الكريم ، وآخرين يكتبون الحجب ومنهم من يطرد الجان ، وبعضهم يدعي طب الأعشاب والطب العربي ، وكل هؤلاء بلا مؤهلات ولا مراقبة ويتقاضون مبالغ ضخمة مقابل خدماتهم .

إن المسلم يؤمن بوجود الجن ، ويؤمن أن في القرآن علاجا للإنسان من الأمراض ، إذا كان مؤمنا بالله وخاشعا في سماع القرآن ، وليس أن يكتب آية من القرآن على ورقة ويضعها في الماء ويشرب تلك الماء الملوث ، وقد خلص العلماء المسلمون إلى أن الاتصال بيننا وبين الجن ليس بالصورة التي يرسمها المشعوذون ، وأن الأضرار التي تصيب الناس من الشعوذة أكثر من أضرار الفصام . فمنهم من يستعمل الضرب ولسعات الكهرباء ، والحجز في غرفة منفردة أربعين يوما ، وآخرون يعطون المريض الزيت ليدهن جسده به ، أو الماء الذي قرأوا عليه ليشربه ، وقد وصل الأمر في بعض الحالات لقتل المريض من الضرب المبرح لإخراج الجان المزعوم .

٢٠ - العمـــــل

إن العمل بالنسبة للإنسان أمر مهم ، وهذا أيضا بالنسبة لمريض الفصام ، ولكن بعد المرض قد لا يستطيع المريض العودة لعمله السابق ، أو أنه قد يجد صعوبة في إيجاد أي عمل خصوصا مع ارتفاع نسبة البطالة ولكن بقاء المريض في منزله لأيام وأسابيع يرهقه ويرهق أسرته ولذلك فقد ظهر في العالم ما يسمى بيئة العمل المحمي والذي يعمل فيه المرضى تحت إشراف مختصين يعرفون أحوالهم ، ويكون العمل بمثابة علاج للمريض ، وإذا كان للعائلة عمل تجاري أو صناعي أو زراعي فلا بأس من تشغيل المريض فيه ، وتشجيعه حتى لو كان إنتاجه قليلا في البداية ، وإذا كان هناك فرص عمل غير ما يتقن المريض يصبح هناك ضرورة لتأهيل المريض للعمل الجديد . وكثير من أمور الحياة المتعلقة بالعمل ونوعه وقيادة السيارة ، أو العمل على أجهزة دقيقة أو أماكن مرتفعة ، لا بد من إستشارة الطبيب المعالج فيها .

٢١ - الـــزواج

يشيع بين الناس فكرة أن الزواج هو علاج للمرض النفسي، خصوصا إذا كان هناك ضمن الأعراض ما يشير إلى أمور جنسية ، ويفاجأ الطبيب أن العائلة قد قررت زواج الشاب أو الفتاة وأتمت ذلك دون أخذ رأيه ودون إبلاغ الطرف الآخر بالأمر ، وهنا لا بد من التحذير بأن الزواج هو علاج للعزوبة وليس للفصام ، وأن من طبيعة مريض الفصام عدم رغبته في الاقتراب الفعلي والعاطفي من الناس ، ويمكن القول إن المياه الإقليمية لمريض الفصام تصبح

أوسع، ولذلك فالزواج ليس ممنوعا ولكنه ليس علاجا بل هو مسؤولية وأعباء معنوية ومادية على المريض أو المريضة وعلى العائلة ، ولا بد من دراسة الوضع بشكل مفصل قبل إتخاذ قرار الزواج ، ولا يجوز بأي حال من الأحوال إخفاء المرض عن الطرف الآخر لأن هذا سيؤدي للفشل الأكيد ، ومن الناحية القانونية والشرعية فإن إخفاء مرض مزمن يعطي الطرف الآخر الحق في الطلاق .

من كل ما سبق فإنه من الواضح للقارئ أن الفصام مرض متشعب ومهم ولا بد فيه من الأخذ بالرأي لمختص ، والاطلاع والثقافة مهمة في التعامل معه والحصول على أحسن النتائج من كل مريض . والأمل أن يحمل العقد القادم مزيدا من التقدم يجعل من حياة مريض الفصام أو ذويه أكثر سهولة ويسرا .

٢٢ - الأعراض السلبية

على مدى العقود الماضية ورغم كل المعالجات والجهود ، كانت معالجة الأعراض السلبية شبه مستحيلة وكان المريض ينتهي من العنف والهلوسة والتوهم ، ويتحول تدريجيا للعزلة ، واللامبالاة، وقلة النوم ، وعدم المبادرة ، وعدم الإهتمام بالنظافة الشخصية ، وعدم التفاعل العاطفي والاجتماعي مع الأحداث ، ويصل الأمر في المريض أن يبقى في البيت يدخن ويحتسي الشاي بدون توقف ، وأحيانا يجوب الشوارع بلا هدف ، لا يتجاوب مع طلبات الأهل ، ولا يساهم بأي عمل إيجابي ، وهذه الصورة المرضية التي وردت في الكتاب في عدة مواقع بقيت تؤثر على مصير المرضى، وعلى

جدوى العلاج إلى عقد التسعينات عندما بدأ إستعمال العلاجات الجديدة والتي أخرجت بعض المرضى من الأعراض السلبية بعد مرور عشرة أو عشرين عاما ، وقد كتبت الصحافة العالمية عن حالات كانت أشبه بالمعجزة مرضى يخرجون من المستشفى بعد ثلاثين عاما من الفصام السلبي ، لأنهم بدأوا بتعاطي علاج كلوزابين ، وأخبار عن مرضى بدأوا يزاولون العمل لأول مرة بعد مرور ربع قرن على جلوسهم في غرفة قذرة ، وسيدة بيت بدأت تطبخ وتنظف المنزل لأول مرة بعد خمسة عشر عاما من السلبية المطلقة ، كل هذا بعث الأمل من جديد لملايين المرضى وأعطى حلا لكثير من العائلات ، وأخرج مرضى من المستشفيات لم يكن هناك أمل في خروجهم على الإطلاق ، وترافقت فترة التسعينات مع عدة إختراقات في مجال الطب النفسي ــ ومعالجة الأمراض حتى المستعصي منها ، وبدأت الدراسات والأرقام تتغير للمرة الأولى ، والباحث والمهتم في الطب النفسي أصبح في نشوة النصر ، مع أن الطريق أمامنا طويل إلا أن هذه الإختراعات المختلفة جعلت الأمل يتصاعد في المزيد من الإكتشافات وخصوصا في مجال الهندسة الوراثية ، والقدرة على توقع حدوث الفصام ومعالجته مبكرا وبصورة فعالة ، ولا بد أن يوجه نداء لكل أسرة لديها مريض أو مريضة بالفصام قد يأسوا من تحسنهم على مدى الزمن ، بأن الله سبحانه وتعالى قد خلق الداء والدواء ....

المـــراجــــع

١- النفس - انفعالاتها وأمراضها وأمنها وعلاجاتها - د. علي كمال

٢- فصام العقل - الشيزوفرينيا   - د. علي كمال

3- Pocket handbook of psychiatry

   Second edition

   H. kaplan, B. Saddok

4- Companion to Psychiatric studies,

   5th edition

   R. Kendell, A. Zealley.

5- Seminar in General Adult Psychiatry,

   Steien & Wilkinson.

6- Schizophrenia

   Steven R. Hirsch

   Daniel R. Weinberger

   1995

7- Schizophrenia

   A Guide for suffers and their families

   Jacqueline M. Atkinson 1985

معجم مصطلحات الطب النفسي

* A

English	Arabic
Ablution	وضوء
Abreaction	تنفيس
Abstinence	إمتناع
Abstraction	تجريد
Abuse	سوء الإستعمال
Acalculia	اللاحسابية
Act	فعل
-Compulsive A.	فعل قسري
-Impulsive A.	فعل اندفاعي
Acting out	فعل زللي (تمثيلي)
Acupuncture	الوخز الإبري
Acute	حاد
Addict	مدمن
Adolescent	مراهق
Adrenoceptor	مستقبلة أدرينالية
Affect	وجدان
Affected	المصاب
Affection	عاطفة ج : عواطف

Aftercare	عناية تلويه
After-image	صورة تلوية
Age	عمر
-Achievemental a.	العمر التحصيلي
-Chronological a.	العمر الزمني
-Development a.	العمر النمائي
-Mental a.	العمر العقلي
Aggression	عدوان
Agitated	هائج
Agnosia	عمه
Agonist	شادة (ج: شواد)
Agoraphobia	رهاب الأسواق
Agraphia	اللاكتابية
Akathisia	زلز (تململ حركي)
Akinesia	لا حركية
Alcohol	كحول
Alcoholic	الكحولي
Alcoholism	كحولية
Alexia	اللاقرائية
Ambiguous	ملتبس ، غامض

Ambivalence	التناقض الوجداني
	(وجود شعورين متضادين معا)
Amblyopia	غمش
Ambulatory service	خدمة سيارة
	(دون دخول مستشفى)
Amnesia	نساوة ، فقدان ذاكرة
-anterogde a.	نساوة اللاحق
-post-hypnotic a.	نساوة بعد التنويم
-retrograde a.	نساوة السابق
Amygdala	لوزه
Analgesia	تسكين
Anology	مضاهاة ، القياس
Analysis	تحليل
Anatomy	التشريح
Anorexia	قهم (فقدان الشهية)
-a. nervosa	قهم عصابي
Anosmia	خشام (فقدان الشم)
Anosognosia	عمه العاهة
Anticholinergic	مضاد الفعل الكوليني
Anticipation	إستباق
Anticonceptive	مانع الحمل

Anticonvulsant	مضاد الإختلاج
Antidepressant	مضاد الإكتئاب
Antidote	درياق
Antiepileptic	مضاد الصرع
Antigen	مستضد (ج : مستضدات)
Antipsychotic	مضاد الذهان
Anxiety	قلق
Anxiolytic	مزيل القلق
Anxious	قلق
Apathic	خامل
Apathy	خمول
Aphagia	إمتناع الطعام
Aphasia	حبسة ، ج: حبسات
Aphonia	فقد الصوت
-hysteric a.	فقد الصوت الهسري
Apoplexy	سكتة ، (ج: سكتات)
Apperception	إدراك شعوري
Appetite	شاهية (شهية)
Apprehension	توجس
Apraxia	اللاأدائية

Aptitude	لياقة
Aqua	ماء
Association	١. ترابط ٢. تداعي ٣. مشاركة
-a. of ideas	ترابط الأفكار
Asthenia	وهن
Asylum	مأوى
-Lunatic a.	بيمارستان
-Old people's a.	مأوى المسنين
Ataxia	رنح
Attack	هجمة ، نوبه
Attitude	موقف
Atypical	لا نمطي ، لا نموذجي
Audible	مسموع
Aura	أورة
Auscultatory	تسمعي
Autism	إنطواء على الذات (الذاتية) (التوحد)
Autoanalysis	التحليل النفسي الذاتي
Automatism	سلوك تلقائي
Autonomic	مستقل
-a. nervous system	الجهاز العصبي المستقل (التلقائي)

Autosuggestion	إيحاء ذاتي
Axis	محور
Axon	محوار

* B

Babinski's sign	علامة بابنسكي
Bacteriophobia	رهاب الجراثيم
Barbiturate	باربتورات
Barrier	حائل
-blood brain b.	حائل دموي دماغي
Basal	قاعدي ، أساسي
Beer	بيرة ، جعة
Behaviorism	سلوكية
Behaviour therapy	علاج سلوكي
Bestiality	مواقعة البهائم
Beta -blocker	محصر البيتا
Bilateral	بالجانبين
Bisexual	ثنائي التوجه الجنسي
Black out	غشيه
Blind	أعمى

Block	إحصار
Blood	دم
Bone	عظم
Borderline personality	الشخصية الحدودية
Brain	دماغ
Broca's area	باحة بروكا (منطقة)
Bruxism	صرير الأسنان
Bulimia	نهام

* C

Cachet	برشامة
Cachexia	دنف
Caliber	مقاس ، عيار
Calorie	سعر
Cancerphobia	رهاب السرطان
Cannabis	الحشيش
Cannabism	إنسمام بالحشيش
Capacity	سعة
Case	حالة

-case history	المشاهدة
-case record	سجل الحالات
Casual	عارض
Catalepsy	الجمدة
Cataplexy	الجمدة
Catatonia	جامود
Catatonic	جامودي
Causal	سببي
Cerebellum	مخيخ
Cerebrum	مخ
Change	تبدل
Chorea	رقص
-Huntington's c.	رقص وراثي (رقص هنتنغتون)
Choreiform	رقصي الشكل
Choreathetosis	رقصي كنعي
Chromosome	صبغي (ج: صبغيات)
Chronic	مزمن
Circadian	يوماوي
Circular	دائري

Cirrhosis	تشمع
-alcohlic c.	تشمع كحولي
Cistern	صهريج
Classification	تصنيف
Claustrophobia	رهاب الإنغلاق
Clearance	تصفية
- Creatinine c	تصفية الكرياتينين
Climacteric	اياسي
Climax	أوج
Clinic	عيادة
Clinical	سريري
Clitoris	بظر
Clouding	تغيم
- c. of consciousness	تغيم الوعي
Cocaine	كوكائين
Codeine	كودين
Cognition	إستعراف
Cohesion	تماسك
Coitus	جماع

- c.interruptus	عزل
Colon	قولون
-irritable c.	قولون متهيج
Column	عمود
Coma	سبات
-alcholic c.	سبات كحول
Comatose	مسبوت
Compatibility	توافق
Compensation	تعويض
Complex	عقدة
Compulsive	إجباري
Concentration	تركيز
Concept	مفهوم
Concussion	إرتجاج
Conditioning	تكييف
Condom	رفال (العراقي)
Confabulation	تلفيق (تأليف ذكريات)
Conflict	صراع
Confusion	تخليط (إختلاط ذهني)
Conscious	واعي

Cnsciousness	وعي
Constitution	بنيه
Contrast	تباين
Convolution	تلفيف
Convulsion	إختلاج
Coordination	تنسيق
Coprolalia	بذاء
Copromania	هوس البراز
Coprophagia	أكل البراز
Correlation	ترابط
Cortex	قشره
Cranial	قحفي
Cranium	قحف
Cri du chat	المواء (متلازمة)
Criminology	علم الجريمة
Crisis	نوبة
-Oculogyric c.	نوبة شخوص البصر
Critical	حرج
Cry	صرخة
C.S.F.	السائل النخاعي الشوكي

Cumultive	تراكمي
Curative	شافي
Curve	منحني
Cyclic	دوري
Cyclothymia	دورية المزاج (المزاج الدوري)
*** D**	
Dactylospam	تشنج الأصابع
Dazzling	باهر
Dead	ميت
Deaf	أصم
Deaf-mute	أبكم
Death	موت
Debility	ضعف
Decerebration	فصل المخ
Decompensation	لا معاوضة
Defecation	تغوط
Defect	عيب
Defense	دفاع
Defloration	إفتضاض (غشاء البكارة)
Deformity	تشوه

Degeneration	تنكس
Deja entedu	سبق سماعه
Deja vu	سبق رؤيته
Delirium	هذيان
-D. tremens	هذيان إرتعاشي
Delinquency	جنوح (الأحداث)
Delirious	هاذي
Delusion	توهم
-d. of persecution	توهم الإضطهاد
- Systematized d.	توهم مترابط
Dement	خرف
Dementia	خرف
-d. praecox	خرف مبتسر (مبكر)
-Senile	خرف شيخوخي
Demography	علم السكان
Demonophobia	رهاب الشياطين
Denervation	زوال التعصب
Deontology	آداب الطب
Dependence	إعتماد ، إتكال
Dependency	إتكالية ، إعتماد

Depersonalization	تبدد الشخصية
Depot	مدخر ، (ج: مداخر) (طويل المفعول)
Depressant	١ - مخمد ٢ - مكئب
Depressed	مكتئب
Depression	إكتئاب
Depressive Personality	الشخصية الإكتئابية
Derangement	إختلال
Derealization	تبدد الواقع
Derepression	إزالة الكظم
Desensitization	إزالة التحسس
Destructive	مخرب
Detachment	إنفصال
Deterioration	تردي
Detoxication	إزالة السمية
Detoxification	إزالة السمية
Development	نماء (تطور)
Diabetes	الداء السكري
Diagnosis	تشخيص

Diazepam	ديازبام
Didactic	تعليمي ، تلقيني
Die	يموت
Diet	قوت
Differential	تفريقي
Dimension	بعد
Diplopia	إزدواج الرؤيا
Disease	مرض
Disintegration	تلاشي
Disorder	إضطراب
Disorientation	توهان
Disoriented	تيهان
Disposition	أهبة ، استعداد ، ميل
Dissociated	متفارق
Dissociation	تفارق
Distortion	انفتال
Distraction	شرود
Distress	ضائقة (ج: ضوائق)
Disturbance	اضطراب
Diuresis	إدرار البول

Diurnal	نهاري
Dizziness	دوام (دوار)
Doctrine	مذهب
Dopamine	دوبامين
Dose	جرعة
Drip	تستيل
-intraveuous d.	تستيل وريدي
Drive	باعث
Drowsiness	نعاس
Drug	عقار ، دواء
Drunkenness	سكر
Dull	غبي
Dynamic	دينمي
Dysarthria	رتة ، (عسر اللفظ)
Dyskinesia	عسر الحركة
Dyslexia	خلل القراءة
Dysmenorrhea	عسر الطمث
Dyspareunia	عسر الجماع
Dyspnea	ضيق التنفس
Dysthymia	تعسر الزاج (تكدر المزاج)

Dysthymic disorder	مرض تعسر المزاج
	(مرض تكدر المزاج)
Dystonia	خلل التوتر
Dystrophy	حثل

* E

Ear	أذن
Echo	صدى
Echolalia	صداء لفظي
Ecstasy	شطح
Ego	الأنا
Egocentric	مركزي الذات
Egoism	الأنانية
Ejaculation	دفق
-ejaculation praecox	دفق مبتسر
Ejection	قذف
Elective	انتخابي
Electric Convulsive	المعالجة بالتخليج الكهربائي
Therapy (E.C.T.)	
Electroencephalogra	مخطط كهربائية الدماغ

m	
(E.E.G.)	
Electronarcosis	تنويم كهربائي
Elementary	إبتداي
Emaciation	هزال
E.M.G.	تخطيط كهربائية العضل
Emotion	إنفعال
Encephalitis	إلتهاب بالدماغ
Encephalography	تصوير الدماغ
Endocrine	صماء
Endogenous	ذاتي المنشأ
Energy	طاقة
Enuresis	بول الفراش
Epidemic	وبائي
Epilepsy	صرع
-Focal e.	صرع بؤري
-grand mal e.	صرع كبير
-petit mal e.	صرع صغير
Epileptic	صرعي
Epileptiform	صرعي الشكل

Epileptogenic	مصرع
Episode	عارضة
Equilibrium	توازن
Erection	نعوظ (إنتصاب)
Erotic	مشبق (مهيج جنسي)
Erotomania	هوس العشق
Erratic	تائه
Ethical	أخلاقي
Euphoria	شمق (مرح غير مبرر)
Euphoric	شمق
Euthanasia	تيسير الموت
Examination	فحص
Excitability	إستثارية
Excitation	إستثارة
Excitement	إثارة
Excercise	تمرين
Exhaustion	إنهاك
Exhibitionism	الإستعراء (الجنسي)
Exogenous	خارجي
Exophthalmos	جحوظ (العيون)

Explosive	إنفجاري
Expression	تعبير
External	خارجي
Eye	عين

* F

Face	وجه
Facial	وجهي
Facies	سحنة
Factitious	مفتعل
Factor	عامل
Failure	قصور
Fainting	غشي
False	كاذب
Familial	عائلي
Fatal	مميت
Fatigue	التعب
Fear	خوف
Features	ملامح
Febrile	حمى

Feedback	تلقيم راجع
Female	أنثى
Feminine	أنثوي
Fertility	خصوبة
Fetal (foetal)	جنيني
Figure	شكل
Fit	نوبة
Fitness	لياقة
Fixation	تثبيت
Flexibility	الأنثنائية
Focal	بؤري
Food	طعام
Force	قوة
Forehead	الجبهة
Form	شكل
Formula	صيغة
Fragile	هش
Frenzy	جنون
Frigidity	برود جنسي
Frontal	جبهي

Frustration	خيبة (إحباط)
Fugue	شراد (شرود)
Function	وظيفة
Furrow	أخدود

* G

Gag	كعام ، مبعد الفكين
Gait	مشيه
-ataxi g.	مشية رنحية
-Cerebellar g.	مشية مخيخية
- spastic g.	مشية تشنجية
Galactorrhoea	ثر اللبن (إفراز الحليب من الثدي)
Galactosemia	غلاكتوزمية
Gamete	عرس
Gamma	غاما
Ganglion	عقدة
Gap	فسحة
Gargoylism	حثل متعدد
Gastrointestinal	معدي معوي
Gaucher's disease	داء غوشية

Gaze	حملقة
Gene	جين
-dominant g.	جين سائد
-recessive g.	جين صاغر
-sex-linked g.	جين مرتبط بالجنس
General	عام
Generalization	تعميم
Generation	جيل
Genetic	وراثي ، جيني
Genetics	علم الوراثة
Genital	تناسلي
Genetalia	أعضاء التناسل
Geriatrics	طب الشيوخ
Giant	عملاق
Giantism	العملقة
Giddiness (=dizziness)	دوام (دوخة)
Gigantism	العملقة
Gland	غدة
Glans	حشفة

Glia	دبق عصبي
Globus hystericus	لقمة هستيرية
Glossal	لساني
Glucose	غلوكوز (سكر العنب)
Goiter	دراق (في الغدة الدرقية)
Goitre	دراق (في الغدة الدرقية)
Grain	قمحة
Grand mal	الصرع الكبير
Granule	حبيبة
Granulocytopenia	قلة المحببات
Granulocytosis	كثرة المحببات
Graph	مخطط ، خط بياني
Gray matter	المادة السنجابية
Greedy	جشع (بخيل)
Grid	شبكه
Grinding	سحن (إصطكاك)
Grip	قبضه
Gross	كبرى
Group	زمرة (مجموعة)
Growth	نمو

Gustatory	ذوقي
Gynecomastia	تثدي الرجل (كبر حجم الثدي)
Gyri	تلافيف
Gyrus	تلفيف

* H

Habit	عاده
Habituation	تعود
Half-life	العمر النصفي
Hallucintion	هلس ، (ج: هلاوس)
-auditory h.	هلس سمعي
-gustatory	هلس ذوقي
-olfactory h.	هلس شمي
-stump h.	هلس الجذمور
-visual h.	هلس إبصاري
-tactile h.	هلس لمسي
Hallucinative	هلسي ، مهلس
Hallucinatory	هلسي
Halucinogen	مهلس (مهلوس)
Hallucinosis	هلاس

Handicap	تعوق
Handicapped	معوق
Hangover	سكر معلق (أثار السكر)
Harmony	إتساق (تناغم)
Hashish	الحشيش
Headache	صداع
Healing	إلتئام
Hebephrenia	فند (الفصام الهيبيفريني)
Helpessness	اللاحول
Hemiparesis	خزل شقي (ضعف)
Hemiplegia	فالج (=شلل شقي)
Hemisphere	نصف الكرة
Hemorrhage	نزيف
Hereditary	وراثي
Herion	هيروين
Hippocampus	الحصين
Homicide	قتل الإنسان
Homosexual	جنوسي (قبلي الجنسي)
-Female h.	(الجنوسية الأنثوية) السحاق
Hormone	هرمون

Hospital	مستشفى
Hospitalization	دخول المستشفى
Huntington's chorea	رقص هنتنجتون
Hydrophobia	رهاب الماء
Hygiene	حفظ الصحة
Hymen	البكارة (الغشاء)
Hyperactivity	فرط النشاط
Hyperkinesia	فرط الحراك
Hyperkinetic	مفرط الحراك
Hypersensitive	مفرط الحس
Hypertension	فرط ضغط الدم (إرتفاع)
Hyperventilationا	فرط التهوية
Hypnosis	تنويم
Hypnotic	منوم
Hypnotism	تنويم إيحائي
Hypnotist	منيم
Hypochondriasis	المراق (توهم المرض)
Hypomania	هوس خفيف
Hypothalamus	الوطاء ، المهد
Hysteria	هراع (هسترة)

Hysterical	هستري

<u>* I</u>

Iatrogenic	علاجي المنشأ
Id	الهو
Idea	فكرة
-fixed i.	فكرة ثابتة
Ideal	مثالي
Ideation	إفتكار
Identical	مثيل
Identification	تعرف (تعيين الهوية)
Idiocy	عتة (إعاقة عقلية)
Idiopathic	غامض
Idiosyncrasy	تحساس ذاتي
Illness	علة
Illusion	إنخداع
Illusional	إنخداعي
Image	صورة
Imbalance	لا توازن
Immature	فج ، غير ناضج

Importence	عنانة (ضعف جنسي ذكري)
Impotent	عنين
Impression	إنطباع
Impulse	دفعة
Impulsion	إندفاع
Impulsive	إندفاعي
Inactive	عاطل
Inadequate	غير كاف (غير كفؤ)
Inborn	خلقي
Incentive	حافز
Incidence	وقوع
Incident	عارض
Incidental	عارضي
Incidious	مخاتل (تدريجي)
Incipient	وشيك
Inclusion	إشتمال
Incoherence	لا ترابط
Incompatability	تنافر
Incompetence	لا كفاية
Incompetent	غير كافي (غير قادر)

Incomplete	ناقص
Incontinence	سلس
-Fecal i.	سلس البراز
-Urinary i.	سلس البول
Incurable	عياء
Indications	دواعي الإستعمال
Indifference	لا مبالاة
Indifferent	لا مبالي
Inert	خامل
Inertia	عطالة
Infanticide	قتل الوليد
Infection	خمج
Inflammation	إلتهاب
Inheritance	وراثة
Ihibition	تثبيط
Injection	زرق ، حقن
Injury	إصابة
Insane	مجنون
Insantiy	جنون
Insight	البصيرة

Insomnia	أرق
Instinct	غريزة
Insufficiency	قصور
Intellect	الفكر
Intelligence	ذكاء
Intensive	شديد (مكثف)
Intention	قصد
Interaction	تآثر
Intercourse	إتصال
-Sexual	جماع
Interest	إهتمام
Intermittent	متقطع
Internal	داخلي
Intersex	خنثي
Intoleranc	لا تحمل (عدم تحمل)
Intoxication	إسمام
Intramuscular	داخل العضلة
Intravenous	داخل الوريد
Introspection	تفكير ذاتي
Invalid	مقعد

Involuntary	لا إرادي
Involution	أوب ، تراجع
Involutional	أوبي ، تراجعي
I.Q.	حاصل الذكاء
Irritability	هيوجية
Irrtitable	هيوج
Irritant	مهيج
Ischemia	إقفار
Isolation	عزل
I.U.	وحدة دولية
I.V.	بالوريد

* J

Jacksonian epilepsy	صرع جكسوني
Jealousy , morbid	غيرة مرضية
Joint	مفصل
Juice	عصارة
Juvenile	شبابي ، حدث

* K

Kalemia	بوتاسميه
Kathisophobi	زلز
Kathisophob	مفتاح
Key	
Kg	كغ (كيلو غرام)
Kg-Cal	كيلو غرام - كالوري
Kidney	كليه
Kinase	كيناز
Kinetic	حركي
Kinetics	حركيات
Kleptomania	هوس السرقة
Klinefelter's syndrom	متلازمة كلينفلتر
Kyphosis	الحدب
Kyphotic	أحدب

* L

Labelling	وسم
Labia	شفاه ، أشفار
Labile	مقلقل
Lability	عطوبية ، تقلقل

Labor	ولادة
Laboratory	مختبر
Lactation	ارضاع
Lag	تلكوء
Lanugo	زغب
Lassitude	إنهاك
Latency	كامن
Laughter	ضحك
Lesbian	سحاقية
Lesbianism	سحاق
Lesion	آفة
Lethal	مميت
Lethargy	وسن
Libido	كرع (رغبة جنسية)
Lightening	تخفف
Limbic system.	حوفي (الجهاز الحوفي)
Limit	حد
Lithium	ليثيوم
Litre	لزلت
Lobe	فص

Longitudinal	طولاني
Lordosis	قعس
Lucid	صافي
Lunatic	مجنون

* M

Mad	مجنون
Malaise	فتور
Male	ذكر
Malingering	تمارض
Mania	هوس
Manic	هوسي ، مهووس
Manifestation	مظهر
Manipulation	منابله (تلاعب)
Mannerism	التصنع
Manual	يدوي
Marginal	هامشي
Marihuana (Marijuana)	الحشيش (الماريجوانا)
Marital	زواجي

Mascohism	مازوخية
Masculine	مذكر
Mask	قناع
Massive	جسيم
Masturbation	الإستمناء باليد (العادة السرية)
Matching	مقابله
Maternal	أمومي
Maturation	نضج
Maturity	الرشد
Mean	وسط
Median	ناصف
Medical	طبي
Medicolegal	طبي شرعي
Megalomania	هوس العظمة
Melancholia	ماليخوليا ، مالنخوليا
Memory	ذاكرة
Menarche	بدء الإحاضة
Meningeal	سحائي
Meningitis	إلتهاب السحايا
Menopausal	إياسي

Menopause	إياس
Menses	الحيض
Mental	عقلي
Metabolism	إستقلاب
Metabolite	مستقلب
Method	طريقة
Migraine	الشقيقة
Migration	هجره
Mind	العقل
Minor	قاصر
Mixed	ممزوج (مختلط)
Mobile	متحرك
Mode	الدارج
Model	طراز
Modification	تحوير
Mongolism	المنغولية
Mongoloid	منغولي الشكل
Monozygotic	وحيد الزيجوت
Monster	مسخ
Mood	مزاج

Morbid	مرضي
Moron	مأفون (ذكاء ٥٠-٦٩)
Morphine	مورفين
Morphinism	المورفينية
Mortality	معدل الوفيات
Mothering	إستئمام
Motive	دافع
Motivation	دافع
Motor	حركي
Movement	حركة
Multiple	متعدد
Muscle	عضلي
Mutation	طفره
Mute	أبكم
Mutism	خرس
Myalgia	وهن عضلي
Myelin	نخاعين
Myopathy	إعتلال عضلي

* N

Narcism, narcissism	النرجسية
Narcissitic	نرجسي
Narcoanalysis	التحليل النفسي التخديري
Narcolepsy	نوم إنتيابي ، سبخ
Narcotic	مخدر
Natal	ولادي
Native	واطن
Nature	طبيعة
Nausea	غثيان
Necrophilism	وطء الميت
Necrophobia	رهاب الموت
Negation	النفي
Negativism	الخلفة (السلبية)
Neologism	لغة جديدة
Neonatal	وليدي
Neoplasm	ورم
Nerve	عصب
Nervous	عصبي
Nervousness	عصبية
Neuralgia	ألم عصبي

Neurasthenia	وهن عصبي
Neuritis	إلتهاب العصب
Neuroanatomy	تشريح الجهاز العصبي
Neuroceptor	مستقبل عصبي
Neurochemistry	الكيمياء العصبية
Neurogenic	عصبي المنشأ
Neuroglia	دبق عصبي
Neurohypophysis	النخامى العصبية
Neuroleptic	مضاد الذهان
Neurology	طب الجهاز العصبي
Neuron	عصبون
Neuropathy	إعتلال عصبي
Neuroses	عصابات
Neurosis	عصاب
Neurosurgery	الجراحة العصبية
Neurosyphilis	إفرنجي عصبي
Neurotic	عصابي
Newborn	وليد
Nightmare	كابوس ليلي
Night terror	فزع ليلي

Nihilistic delusion	توهم العدم
Nipple	حلمة
Noctiphobia	رهاب الظلام
Nocturnal	ليلي
Nomenclature	تسمية
Noradrenaline	نور أدرينالين
Norepinephrine	نور إبينفرين
Norm	أمثوله
Normal	سوي
Normalisation	تطبيع
Normality	سواء
Nosology	علم تصنيف الأمراض
Nosomania	هوس المرض
Nosophobia	رهاب المرض
Notifitable	واجب التبليغ
Noxious	مؤذي
Nucleus	نواه
Numbness	تنمل
Nurse	ممرضة
Nursery	مركز الحضانة
Nutrition	تغذية
Nyctophobia	رهاب الظلام
Nymphomania	غلمة (للإناث)
Nystagmus	رأرأة

* O

Oath	قسم
Obese	سمين
Obesity	سمنة
Objective	موضوعي
Obligatory	إجباري
Obsession	وسواس ، وسوسة
Obsessive	وسواسي ، موسوس
Obsessive-compulsive	وساوسي ، قسري
Obsolete	متروك (ألفي)
Occiptal	قذالي
Oculogyric	دور أو مدور المقلة
Oedipus complex	عقدة أوديب ، عقدة الأم
Olfactory	شمي
Onanism	إستمناء ، عزل
Oneiric,oniric	منامي ، أحلامي
Oneirology	علم الأحلام
Opiate	أفيوني
Opiomania	إدمان الأفيون
Opisthotonos	التشنج الظهري
Opium	أفيون
Oral	فموي
Organic	عضوي
Orgasm	الإيغاف (الرعشة الجنسية)

Orientation	الإهتداء
Outpatient	مريض خارجي
Overcompensation	المعاوضة المفرطة
Overlap	تراكب
Overweight	فرط الوزن
* P	
Pain	ألم
- phantom pain	ألم الطرف الشبحي
Palilalia	لجلجة
Palliative	ملطف
Pallor	شحوب
Palpitation	خفقان
Palsy	شلل
Panic	هلع
Papilledema	وذمة الحليمة البصرية
Paradox	متناقض
Paradoxical	تناقضي ، متناقض
Paralalia	خطل التلفظ
Paralysis	شلل
-agitans P.	شلل رعشي
-hysterical P.	شلل هستري
Paranoia	زور ، بارانويا
Paranoiac	أزر ، زوراء
Paranoic	زوري
Paranoid	زوراني

Paraphrenia	فصام متأخر (إزوار)
Paraphilia	شذوذ جنسي (إنحراف)
Paraplegia	شلل سفلي (شلل نصفي سفلي)
Paraplegic	شلل سفلي
Parapraxia	خطل الأداء
Parasympathetic	اللاودي
Parasympatholytic	حال اللاودي
Parasympathomimetic	محاكي اللاودي (كوليني الفعل)
Parental	والدي
Parenteral	زرقا
Paresis	خزل
-general p.	الخزل العام
Paresthesia	مذل
Parietal	جداري
Parkinsonism	البركنسونية
Parkinson's disease	داء بركنسون
Paroxysm	إشتداد
Paroxysmal	إشتدادي
Passive	منفعل (سلبي)
Pathognomonic	واصم
Patient	مريض
Pattern	طراز
Penetrance	إنتفاذ (نفذ)
Penis	القضيب

Penology	علم العقاب
Perception	إدراك
Percutaneuos	خلال الجلد
Perinatal	حوالي الولادة
Period	دور ، ج: أدوار
-ejectionp.	دور القذف
-latency p.	دور الكمون
-reaction p.	دور التفاعل
-refractoryp.	دور الحران
Perseveration	وظوب
Personality	شخصية
Persuation	إقناع
Perversion	شذوذ
-sexual p.	شذوذ جنسي
Pervert	ضلول ، شاذ
Pessimism	تشاؤم
Petit mal	الصرع الصغير
Phantasy	المخيلة
Phantom	شبحي
-p. limb	طرف شيحي
Pharmaceutic	صيدلاني
Pharmacodynamics	مبحث تأثير الدواء
Pharmacokinetics	حراك الدواء
Pharmacology	علم الأدوية
Pharmacophobia	رهاب الدوية

Phase	طور (مرحلة)
Phenotype	النمط الظاهري
Pheochromocytoma	ورم القواتم
Phenylketonuria	بيلة الفينول كيتون
Phobia	رهاب
Phobic	رهابي
Phobophobia	رهاب المخاوف
Phoniatrics	معالجة التلفظ
Phonophobia	رهاب الأصوات
photophobia	رهاب الضوء
Photosensitive	متحسس الضوء
Photosensitivity	تحسس ضوئي
Physical	فيزيائي (جسدي)
Physician	طبيب
Pia matter	الأم الحنون (من أغشية الدماغ)
Pica	وحم ، شهوة الطين
Pick's disease	داء بيك
Pineal	صنوبري
PKU	بيلة الفينول كيتون
Placebo	غفل (علاج بلا مفعول)
Plane	مستوى ، سطح
Plantar	أحمصي
Plateau	هضبة
Polydipsia	العطاش
Polygamy	تعدد الزوجات

Polyneuritis	إلتهاب الأعصاب
Polyuria	بوال
Pons	جسر
Postmortem	بعد الموت
Postnatal	بعد الولادة
Postoperative	بعد الجراحة
Post-partum	بعد الوضع
Postural	وضعي
Potency	قدرة جنسية
Potential	كامن/الكامن
Practical	عملي
Practitioner	ممارس
Praecox	مبتسر ، مبكر
Precipitant	مرسب
Precipitate	رسابة ، يرسب
Precocious	مبتسر ، مبكر
Precursor	سلف ، نذير
Predisposition	تأهب
Pregnancy	حمل ، حبل
Premature	خديج ، مبتسر ، مبكر
Premenstrual	سابق الحيض
Prenatal	قبل الولادة
Prescribe	يصف الدواء
Presence	وجود
Presenile	(صتم) ما قبل الشيخوخة

Pressure	ضغط
Prevalence	الإنتشار
Preventive	وقائي
Priapism	قسوح (نعوظ مؤلم) (إنتصاب مؤلم)
Primary	أولي ، رئيسي
Probability	إحتمال
Prodromal	بادري
Prodromata	بوادر
Profile	سيماء
Prognosis	إنذار
Prognostic	إنذاري
Progression	تقدم
Progressive	مترقي (متقدم)
Projection	إسقاط
Prophylaxis	وقاية
Prostate	(البروستات) الموثه
Prostitute	مومس ، ج: مومسات
Prostitution	يغي ، ج: بغايا ، بغاء
Prostration	إعياء
Provisional	مؤقت
Provocative	محرش (مثير)
Pseudocyesis	حمل كاذب
Psyche	نفسي

Psychiatrist	طبيب نفسي
Psychiatry	الطب النفسي
Psychoactive	دواء مؤثر نفسي
Psychoanalysis	التحليل النفسي
Psychoanalyst	المحلل النفسي
Psychoanlytic	تحليلي نفسي
Psychogenic	نفسي المنشأ
Psychology	علم النفس
Psychometry	القياس النفسي
Psychomotor	نفسي حركي
Psycopath	معتل النفس
Psychosis	ذهان ، ج: ذهانات
-affective p.	ذهان عاطفي
- depressive p.	ذهان إكتئابي
- involutional p.	ذهان أوبي
- Korsakoff's p.	ذهان كرساكوف
- manic p.	ذهان هوسي
- manic depressive p.	ذهان هوسي إكتابي
- organic p.	ذهان عضوي
- paranoid p.	ذهان زوري
- schizo affective	ذهان فصامي عاطفي

p.	(ذهان فصامي مزاجي)
- senile p.	ذهان شيخوخي
- toxic p.	ذهان تسممي
Psychosomatic	نفسي بدني
Psychosurgery	الجراحة النفسية
Psychotherapy	المعالجة النفسية
Psychotic	ذهاني
Puberty	البلوغ
Pubic	عاني
Puerperal	نفاسي
Pupil	بؤبؤ
Pure	نقي
Purgative	مسهل

* Q

Quack	دجال
Quackery	دجل
Quadriplegia	شلل رباعي
Quailitative	كيفي
Quantitative	كمي
Quotient	حاصل
-intelligence q.	حاصل الذكاء

* R

Race	سلالة

Racial	سلالي
Radical	جذري
Radiology	علم الأشعة
Range	مجال ، مدى
Rape	إغتصاب
Rapport	علاقة ود
Rash	طفح
Rate	سرعة ، معدل
Rational	منطقي
Rationale	أساس منطقي
Rationalization	تسويغ (تبرير)
Reaction	تفاعل
Reactivate	ينشط
Reactive	تفاعلي
Rebound	إرتداد
Receiver	متلقي
Receptor	مستقبلة ، ج : مستقبلات
Recessive	صاغر ، متنحي
Recidivist	نكيس (مكرر الجريمة)
Recepient	متلقي
Record	سجل
Recovery	شفاء
Recurrence	رجعة
Recurrent	راجع
Reduce	يقلل

Reduction	تقليل
Reference	مرجع
Reflex	منعكس ، ج: منعكسات
- behavior r.	منعكس سلوكي
- conditioned r.	منعكس شرطي
- psychic r.	منعكس نفساني
Refractory	حرون ، عصي
Regression	تراجع
Regressive	متراجع
Regulation	تنظيم
Rehabilitation	تأهيل
Reinforcement	تعزيز
Rejection	رفض
Relapse	نكس
Relation	علاقة
Relationship	علاقة
Relaxation	إرخاء
Reliability	إعتمادية (الثبات)
REM	ريم
(rapid eye movement)	(تحريك العين السريع)
Remission	هدأة
Remittent	متردد
Replacement	إستبدال
Replication	تكرر

Repression	كظم (كبت)
Repressor	كاظم ، ج : كواظم
Reproduction	توالد
Residual	ثمالي (بقايا)
Response	إستجابة
Resposibility	مسؤولية
Restlessness	تململ
Retardation	تخلف ، تعويق
- mental r.	تخلف عقلي
Retrograde	رجوعي
Retrogression	تقهقر
Reversal	عكس
Rigidity	صمل
Ritual	شعائري
Rough	خشن
Rumination	اجترار

*** S**

Sadism	السادية
Sadist	سادي
Sadomasochism	سادية مازوخية
Sagittal	سهمي
Saline	ملحي
Sample	عينة
Sane	عاقل

Satiety	شبع
Satyriasis	شبق (عند الرجل)
Scan	تفريسة ، نظرة شاملة (تصوير)
Schema	ترسيم
Schematic	ترسيمي
Schizoid	فصاماني
Schizophrenia	فصام
Schizophreniac	مفصوم
Schizophrenic	فصامي
Science	علم
Score	حرز
Scotophobia	رهاب الظلام
Sedation	تركين (تهدئة)
Sedative	مركن ، ج: مركنات
Sedentary	قعيد (خامل)
Seizure	نوبة
Self	الذات
Self esteem	تقدير الذات
Semicoma	سبات جزئي
Senile	شيخوخي
Senility	شيخوخة
Sensation	إحساس
Sense	حس
Sensibility	حساسية
Sequela	عقبول (عواقب)

Sequelae	عقابيل (عواقب)
Serum	مصل
Sex	جنس
Sexology	مبحث الجنس (علم الجنس)
Sexual	جنسي
- deviation s.	إنحراف جنسي
Sexuality	جنسانية
Sickness	داء
Side - effect	تأثير جانبي
Sign	علامه
Significance	إعتداد (أهمية)
Significant	معتد (مهم)
Similar	شبيه
Simple	بسيط
Sin feeling	الشعور بالخطيئة
Sitomania	هوس الأكل
Sitophobia	رهاب الأكل
Sleep	نوم
- desynchronized s.	نوم لا متزامن
- REM s.	نوم الريم
- sunchronized s.	نوم متزامن
Smell	الشم
Snuff	سعوط
Sociability	ألوفيه ، الروح الإجتماعية
Sociable	ألوف ، إجتماعي

Social withdrawal	الإنسحاب الإجتماعي
	(الإنعزال)
Sociology	علم الإجتماع
Sodomy	سدومية (الممارسة الشرجية)
Somatic	جسدي
Somatization	تجسيد
Somnambulism	(نومشة) سير نومي
Somnolence	وسن (نعس)
Somnolent	وسنان (نعسان)
Spasm	تشنج
- clonic s.	تشنج رمعي
- convulsive s.	تشنج إختلاجي
- tonic s.	تشنج توتري
Spastic	تشنجي (متيبس)
Spasticity	شناج (تيبس)
Speech	كلام
- incoherent s.	كلام لا مترابط
- slurred s.	كلام متداخل
Spinal	نخاعي
Spirit	روح
Stability	ثبات
Stage	دور ، طور ، مرحلة
- anal s.	المرحلة الشرجية
- genital s.	المرحلة التناسلية
- s. of latency	دور الكمون

- oral s.	المرحلة الفموية
- prodromal s.	دور البوادر
Stammering	تأتأة
Standardization	تعيير
State	حالة ، ج: حالات
Statistics	الإحصاء
Status	حالة ، ج: حالات
- s.epilepticus	حالة صرع مستمر
Stereognosis	معرفة التجسيم
Stereotypy	نمطية
Stethophone	مسماع (سماعة طبية)
Stiffness	تيبس
Stimulate	ينبه
Stimulant	منبه ، ج: منبهات
Stimulation	تنبيه
Strain	جهاد
Stress	كرب ، ج: كروب أو شدة
Stroke	سكتة ، ضربة
Stupor	ذهول
Stuporous	ذاهل ، ذهولي
Stuuttering	تأتأة
Subacute	تحت الحاد
Subconscious	دون الشعور
Subjective	شخصاني
Sublimate	مصعد (يتسامى)

Sublimation	تصعيد (متسامي)
Sublingual	تحت اللسان
Subnormal	دون السواء
Substance	مادة
Substitute	بديل
Suggestibility	قابلية الإيحاء
Suggestible	قابل للإيحاء
Suggestion	إيحاء ، إقتراح
- hynotic s.	إيحاء تنويمي
- post hynotic s.	إيحاء بعد التنويم
Suicide	إنتحار
Superego	الأنا العليا
Suppression	كبت
Susceptibility	إسعداد
Symbolism	الرمزية
Symmetry	تناظر
Sympathetic	ودي
Sympatholytic	حال الودي
Sympathomimetic	محاكي الودي
Sympathy	تواد

Symptom	عرض
Synapse	مشبك ، ج: مشابك
Syncope	غشي
Syndrome	متلازمة ، ج: متلازمات
- hyperventillation s.	متلازمة فرط التهوية
Synergetic	تآزري
Syringe	زراقة ، محقنة ، (سرنج)
System	جهاز
<u>* T</u>	
Table	جدول
Tablet	قرص
Tactile	لمسي
Tardive	آجل
- T. Dyskinesia	عسر الحركة الآجل
Target	هدف
Taste	ذوق ، طعم
Tasteless	تفه (دون طعم)
Tattooing	وشم

Tear	دمعة
Telepathy	تخاطر
Temperament	مزاج ، ج: أمزجة
- melancholic t.	مزاج سوداوي
- nervous t.	مزاج عصبي
Temperature	درجة الحرارة
Temporal, temporalis	صدغي
Tenderness	إيلام
Tense	متوتر ، قاسي
Tension	توتر
- t. headache	صداع التوتر
- premenstrual t.	توتر نفساني سابق للحيض
Tentative	محاولة
Teratogenic	ماسخ
Ter in die (tid)	ثلاثة باليوم
Terror	ذعر
Tertiary	ثالثي
Test	إختبار ، ج: إختبارات
- aptitude t.	إختبار اللياقة
- clearance t.	إختبار التصفية
- double - blind t.	إختبار التعمية المزدوجة

- intelligence t.	إختبار الذكاء
Tetracyclic	رباعي الحلقات
Thalamus	المهاد
Theory	نظري
Therapeutic	علاجي
Therapist	معالج
Therapy	معالجة ، مداواة
- milieu t.	معالجة بيئية
Thinking	الفكر
Threshold	عتبة
Thumb-sucking	مص الإبهام
Tic	عرة ، ج: عرات
Time	زمن
Tissue	نسيج
Tolerance	تحمل
- drug t.	تحمل الدواء
Tomography	تصوير مقطعي
Torticollis	صعر
- hysteric t.	صعر هستري
- spasmodic t.	صعر تشنجي

Toxic	سام
Toxicity	سميه
Trait	سمه ، خله
Trance	غيبة
- hypnotic t.	غيبة تنويمية
- hysterical t.	غيبة هستيرية
Tranquilizer	مهدئ
Transference	إنقال
Transient	عابر
Transvestism	إنحراف الملبس
Trauma	رضح
Treatment	علاج
Tremor	رعاش
- coarse t.	رعاش غليظ
- fine t.	رعاش رقيق
Tremulous	رعاشي
Trend	نزعة
Trichotillomania	هوس النتف
Tricyclic	ثلاثي الحلقات
Trigeminal	ثلاثي التوائم (العصب الخامس)

Trisomy	تثلث صبغي
Tumor	ورم
Twin	توأم ، ث: توأمان ، ج: توائم
- dizygotic t's.	توأما البيضتين
- monozygotic t's.	توأما البيضة
Type	نمط
Typical	نموذجي

* U

Ultimate	نهائي
Unbalance	خلل التوازن
Unconscious	فاقد الوعي
Unconsciousness	فقد الوعي ، اللاشعور
Underlying	مستبطن (مستتر)
Unipolar	أحادي القطب
Unit	وحدة
Uptake	قبط
Urinary	بولي
Urine	بول
Uterus	الرحم

* V

Vagina	المهبل
Vagus	المبهم (العصب العاشر)
Validity	الصدق (إحصاء)
Value	قيمه
Variance	تفاوت
Variety	ضرب (صنف)
Ventricle	بطين
Verbal	لفظي
Vigilance	تيقظ
Vigilant	متيقظ
Virgin	عذراء
Vision	رؤية ، إبصار
Visual	إبصاري
Vital	حياتي
Voice	صوت
Volition	إرادة
Volitional	إرادي
Vomit	قيء

Voyeur	بصباص
Voyeurism	بصبصة
Vulnerability	تعرض
Vulva	فرج (المرأة)
Vulvovaginal	فرجي مهبلي

* W

Wakefulness	سهاد
Wandering	متجول
Ward	قاعة ، ج: قاعات
Wave	موجة
Waxy flexibility	الإنثنائية الشمعية
Weight	وزن
Withdrawal	عزل
- w. syndrome	متلازمة الإمتناع
Wound	جرح
Wrist	معصم
Writer's cramp	معص الكاتب (تشنج الكاتب)

* X

Xanthopsia	رؤية صفراء
Xengenesis	تناوب الأجيال
Xenophobia	رهاب الأجانب
Xenorexia	شذوذ الإشتهاء
X-ray	الأشعة السينية

* Y

Yawning	تثاؤب
Yellow	أصفر
Yolk	مح

* Z

Zone	منطقة
Zoology	علم الحيوان
Zoomania	الوس بالحيوانات
Zoophobia	رهاب الحيوانات
Zygote	زيجوت